U0515461

本书受 2020 年安徽省自然科学基金青年项目《中小企业网络化成长中的关系冲突、动态决策与行为优化机制研究》(2008085QG349) 资助出版。

企业的组织间
关系冲突风险感知
与权变决策机制研究

王 寅◎著

中国财经出版传媒集团

经济科学出版社
Economic Science Press

前　　言

　　随着网络规模的扩大和网络互动的深化，企业间的摩擦和分歧也越来越多，使得关系网络成为一个包含诸多诱因的"冲突集"。关系冲突的爆发会引发网络的剧烈震荡，导致原本欣欣向荣的关系网络直接陷入"停摆"，甚至在很短的时间里分崩离析。目前针对关系网络的研究大多是从静态的视角研究网络的宏观属性对企业行为和绩效的正面影响，对于关系冲突的负面效应和网络演化的内在机理关注不足，无法准确地解释企业在合作过程中发生"偏好反转"的怪异现象。从微观视角来看，网络演化是网络内部所有个体行动者不断变化的意愿与行为相互作用的结果，企业在面对关系冲突时的动态价值判断与行为选择更值得关注。本书以企业网络化成长作为背景，研究企业的关系冲突风险感知、价值权衡与行为决策之间的关系，期望揭示企业在关系冲突情境下的决策过程，从微观层面解释企业"朝秦暮楚"的"行为偏好反转"之谜。

　　围绕上述问题，本书按照"关系冲突风险感知—关系权变价值判断—关系行为选择"的研究思路，研究成果如下：首先，以关系资本核心要素错配理论为理论依据，运用风险树分析法来构建网络化背景下企业的关系冲突风险感知的概念模型，并发展测量模型和测量题项，进行数据收集和分析。

　　其次，借助金融学中的实物期权理论，分析了企业进行关系资本投资的实物期权特性，探讨了实物期权导向下关系资本价值的构成，建立了关系资本价值的计算模型，推导出价值 – 风险权衡下的四种基本关系模式。

　　最后，按照"关系冲突风险感知—关系权变价值—关系行为选择"的理论逻辑，构建概念模型，提出系统的研究假设，通过小样本预调研以及信度、效度检验，对问卷题项进行修正以确定最终问卷。然后，进行大规模调研，收集一手数据，对数据分析结果进行讨论。

第一，企业针对关系冲突的感知风险包括六个构面：资源丧失风险、认知失调风险、结构变迁风险、规制失效风险、冲突升级风险与冲突扩散风险。

第二，企业网络化成长的过程实质上是对于关系资本的投资过程，具有实物期权的特征，可以用 B – S 连续模型和二叉树模型两种方法来对关系的价值进行计算和评估。

第三，关系资本的价值与关系冲突的风险是决定企业关系行为的两个核心因素。依据关系资本的价值和关系冲突风险的高低，可以构建出四种基本的关系合作模式，即离散交易型关系、僵持恶化型关系、战略成长型关系和交叉演变型关系。

第四，企业在面对关系冲突时采取的是一种二阶的权变决策机制。关系的经济社会二重性决定了企业在面对关系冲突时因循的既不是利润至上的冰冷市场逻辑，也不是不讲回报的纯粹关系逻辑，而是一种先利后义的混合逻辑，其决策模式也并非简单的刺激—反应模式，而是先考虑关系内生因素再结合网络外部性的二阶扩展型决策。

第五，关系冲突是影响关系价值的权变因素。关系冲突是网络环境因素的代表，体现了网络成员对于关系冲突的看法和行为导向，会显著地影响企业对于网络发展前景的估计和判断，证明了企业对于关系价值的判断与网络内部的冲突水平密切相关。

第六，关系压力体现了中国独特的文化背景和社会环境，是影响企业行为逻辑的关键因素。一方面，关系压力增加了企业退出行为的外部性和不确定性，构成了网络层面的关系退出壁垒，关系压力构成了关系的内在稳定机制，是中国企业实现网络化成长的先天禀赋和制度优势。另一方面，关系压力带来的外生不确定性与关系冲突的内生风险形成了对冲，使得企业在面对关系冲突时表现得更加"隐忍"与"温和"，决定了企业在冲突回应行为上呈现出"两极化"的特征。

　　本书将关系权变价值与关系压力纳入企业冲突反应行为的研究框架中，分析了关系权变价值和关系压力对于企业冲突反应行为的影响及其作用机制。研究的创新点与理论贡献主要体现在：（1）对企业的关系冲突感知风险进行结构探索和量表检验，丰富了针对关系冲突问题的研究视角；（2）提出了关系权变价值的概念，拓展了关系价值在网络化成长背景下的理论内涵；（3）将关系权变价值作为中介变量引入了回应行为理论框架，进一步完善了关系回应行为决策的理论框架；（4）将关系压力引入了回应行为的理论框架，拓展了关系回应行为理论在中国社会背景下的适用边界。

王　寅
2023 年 1 月

目　　录

第1章 导　　论

1.1　研究背景

　　关系是企业网络化生存与发展的重要资源。在经济全球化、信息网络化、产业分工日益细化的今天，关系资本建构成为企业网络化成长的有效路径选择。学术界的现有研究成果普遍指出，良好建构的关系资本不仅有利于企业的信息和资源获取、知识创新与租金获得，更有利于企业自身的能力提升与可持续性发展。然而，稳定的关系是网络在长期、有目的性的自组织进化过程中，通过组织间不断磨合、妥协和化解冲突所形成的间断式动态均衡（王大洲，2001）。网络的开放性特征决定了网络组织存在着诸多不确定性和冲突诱发的可能性，从而导致了关系资本效能的暂时性与价值的不稳定性。

　　关系带给企业的不仅是阳光的一面，面对失效的关系资本和处理企业间的关系冲突也是企业网络化生存和成长的常态，企业的网络化成长实质上是一个不断解决各种关系冲突的过程。网络环境下，关系冲突的诱发具有多发性、多元性、跨层次性与跨界性，既有其因内在矛盾所导致的必然性，也有因偶发因素导致的随机性，实质上是多层面潜在冲突的集中显性化路径。对于先天禀赋缺乏的企业来说，资源需求的变动、网络结构的僵化、合作方认知的异化、关系能力的缺失、关系协调的失误、网络规则的调整、利益分配的失衡都可能引发关系冲突，阻碍关系资本的效能发挥与价值变现，引发网络成员间的激烈对抗行为，甚至导致关系断裂，使企业先前的关系投资沦为沉没成本，蒙受巨大损失。企业需要时刻关注和评估关系资本的运行状态，对关系冲突爆发的可能性与后果作出感知与预判，形成针对关系冲突的风险感知。对冲突风险的感知会左右企业对于关系价值的判断，进而影响后续的应对行为选择。

然而，关系冲突是行为层面的组织间对立与意识层面的心理冲突的交叠，企业针对关系冲突的风险感知和价值判断会受到关系文化因素的影响，与此同时，由于认知能力、信息不对称和有限理性的约束，企业的行为偏好存在不稳定性，可能在关系冲突的演进中形成"偏好反转"（姜劲，吕晖，徐学军，2007）。因此，企业对于关系冲突的风险感知和对于关系的价值判断具有权变性和动态性，并决定了企业面对关系冲突时形成的"风险感知—价值权衡—行为选择"的基本应对模式。目前研究多注重关系资本的建构与管理，对于关系冲突的决策与应对研究较少；对于关系冲突的研究多侧重于冲突的诱因与演化，对于企业间关系冲突的风险效应关注不够；只关注了基于关系利益的关系价值的计算，却忽略了基于风险感知的关系权变价值计算。因此，本书期望探讨的第一个问题是企业网络化成长中如何认知和判断关系冲突的负面效应？第二个问题是面对多主体、多层次、多任务、关系叠加、动态多变的网络环境，企业是如何在关系冲突情境下权衡利弊？第三个问题是期望探讨在关系压力约束的条件下，企业在风险和利益权衡的基础上如何优化自身的行为选择？

1.2 研究目的与意义

1.2.1 研究目的

本书是在对国内外相关文献进行详细、系统梳理的基础上，探讨网络化成长背景下企业在关系冲突情境下的风险感知构成、价值权衡机理与行为决策过程，主要有以下四个目的：

（1）对企业的关系冲突感知风险进行结构探索和量表检验。以往的研究都将企业间的关系冲突视为关系网络发展过程中存在重大负面事件，会引发诸多不确定性，并且存在显著的自强化机制和传导扩散效应，然而却鲜有研究者关注关系冲突的风险效应以及企业对于关系冲突风险性的评估与判断过程。因此，本书拟借助风险树分析法来系统分析网络化成长背景下关系冲突所引发的风险因素，在借鉴已有研究成果和开放式调查来设计企业关系冲突感知风险的量表，通过探索性因子分析和验证性因子分析，获得有效的量表，形成企业关系冲突感知风险的构面模型。

（2）分析企业在冲突情境下的价值－风险权衡机理。以往对于企业间关系价值的研究大多是在静态的二元关系情境下，将关系的价值视作关系所带来的收益与维持关系所付出的成本之间的差额。然而，在企业网络化成长的背景下，随着网络规模的拓展和企业间合作的深入，一方面会产生边际收益递增、边际成本递减的网络经济效应，传统的收益－成本衡量法则已经无法准确估量网络背景下关系的真实价值；另一方面企业对于关系网络内部的价值创造与分配体系的高度依赖也提升了关系冲突的影响力和冲击力，关系冲突的风险替代关系的维持成本成为关系收益的首要制约因素。因此，本书拟借助金融学中的实物期权理论来分析企业的关系决策过程，用二叉树离散模型和Ｂ－Ｓ连续模型来模拟企业在关系冲突情境下的价值－风险权衡过程，并推导出企业基于价值－风险权衡结果的基本行动策略。

（3）探讨感知冲突、关系权变价值与关系回应行为之间的关系。EVLN模型作为企业对于关系问题的基本回应模式，已经在关系营销领域得到了多次验证。然而，企业作为逐利的市场主体，对于经济利益的考量是其行为决策的核心与出发点，但是却鲜有研究者关注关系冲突情境下关系价值对于企业行为决策的影响。因此，本书欲通过实证研究剖析感知冲突、关系权变价值和关系回应行为三个变量之间的作用路径。首先，本书将分析感知冲突对关系回应行为的直接作用；其次，本书拟将关系权变价值作为感知冲突和企业关系回应行为的中介变量，力图全面深入地了解关系冲突影响企业行为逻辑的具体途径。

（4）分析关系压力的调节作用。以往研究表明，中国的关系网络（guanxi）与西方的关系网络（social network）之间存在着鲜明的区别，具有鲜明的独特性。无论是其特殊的运转扩张模式还是网络内部盛行的以"人情""面子"为代表的文化规则，对于关系网络中企业的价值判断和行为选择都具有显著的影响，形成了一种内生的关系压力。关系压力的存在使得企业在关系网络中的行为选择存在着显著的外部性，会引发一系列不确定后果，也使得企业在冲突情境下的"决策黑箱"更加扑朔迷离。然而，目前却鲜有研究者关注网络内部的关系压力的外部性效应，以及它在企业的冲突回应决策中所扮演的角色。因此，本书将关系压力作为关系权变价值对员工行为选择策略影响之间的调节变量，以探求在中国独特的关系网络背景之下，企业在感知到关系冲突后出现的行为选择差异。

1.2.2 研究意义

本书的研究意义可概括为如下三个方面：

（1）建立了基于关系资本要素理论的企业关系冲突风险感知模型，提供了一种研究组织间关系冲突的新思路，丰富了组织间关系管理理论，也为今后的进一步深入研究网络协作奠定了理论基础。

（2）本书构建的关系权变价值计算模型对网络化成长背景下企业对于关系价值判断的内在心智过程进行了解释和探讨，对有效开展网络合作、实现网络化成长的实践提供帮助，有利于企业网络组织的健康发展，对提高网络管理绩效有一定的帮助。

（3）本书构建的企业基于关系权变价值的行为选择理论模型还可以为有关政府机构推动当地企业间战略合作、促进网络化合作进程、提高社会资源配置效率、前瞻性地指导组织间冲突风险规避，以及进一步深化改革提供决策参考。

1.3　研究内容

本书以"关系冲突风险感知—关系权变价值—关系回应行为选择"为基本分析逻辑，构建了网络化成长背景下企业针对关系冲突的风险感知与动态决策的理论框架。首先，分析企业关系冲突风险感知的形成机理，并结合关系资本核心要素理论，通过实证研究来探索企业关系冲突风险感知的构面组成；结合金融学中的实物期权理论，对企业在关系冲突情境下的价值权衡过程进行推导和模拟；结合经典的 EVLN 理论和中国本土的关系文化理论，对冲突情境下企业的权变行为决策模式进行实证研究。本书的基本架构如表 1.1 所示。

表 1.1　　　　　　　　　　　研究内容概述

研究主题	主要研究内容	研究设计与方法
关系冲突风险感知构成研究	理论建构与实证研究：基于关系资本核心要素理论，结合风险树分析方法，从资源、结构、认知、能力、规则、涟漪效应六个方面建构关系冲突风险感知的六个基本构面并设计题项进行实证研究	问卷调研、深度访谈、文献归纳、模型建构、实证检验
冲突情境下企业的关系价值权衡研究	理论建构与经济学推导：依据实物期权理论，建立关系权变价值的计算模型，探讨网络化背景下企业对关系利益和冲突风险的衡量与判断过程	文献归纳、模型建构、数学推导
冲突情境下企业的权变行为决策模式研究	理论建构与实证研究：冲突情境下企业基于权变价值的行为选择机理研究	问卷调研、文献归纳、模型建构、实证检验

本书的具体布局共分六章。

第 1 章，导论。在阐述本书实践背景与理论背景的基础上，提出了本书的核心问题——企业在关系冲突情境下的行为决策，揭示了本书的理论价值与实践意义，进一步对本书的核心概念进行了界定，概括了本书的研究内容，厘清了研究的技术路线，介绍了所使用的研究方法，最后对研究的创新点进行了总结，为研究工作的展开打下基础。

第 2 章，文献综述。本章系统梳理了与研究问题密切相关的理论成果，包括六个领域：第一，系统地梳理了风险决策与风险感知的相关研究，主要包括风险决策理论的源起与内涵、前景理论、风险感知与感知风险的定义、风险感知的主要研究领域与研究策略。第二，按照"组织内—组织间—网络内"三个研究层次对关系冲突的相关研究进行了详细的梳理。第三，对 B2B 环境下的关系价值的定义、构成维度与研究模型进行了整理与回顾。第四，对金融学中的实物期权理论的相关重要研究成果进行了简要的梳理与回顾。第五，详细地梳理了关系回应行为的相关研究成果，包括 EVLN 理论的发展脉络、各学科针对 EVLN 行为的研究发现，以及影响关系行为的中国本土文化因素。第六，按照动机、关系、结构、演化、互动五个视角对企业网络化成长的相关研究成果进行了系统的回顾、总结与评述。对文献的回顾不仅使本书有了明确的理论基础，更是发现研究不足、聚焦研究范围、明确本书研究使命的重要步骤。

第 3 章，关系冲突风险感知。本章首先探讨了网络背景下企业关系冲突风险感知的特殊性，然后以关系资本核心要素错配理论为理论依据，运用风险树分析法构建了网络化背景下企业的关系冲突风险感知的概念模型，在文献研究与深度访谈的基础上发展测量题项，进行数据收集和分析，最终形成了包含六个构面的企业关系冲突风险感知模型。

第 4 章，冲突情境下企业的关系价值权衡。本章借助金融学中的实物期权理论，首先分析了关系资本投资的实物期权特性，探讨了实物期权导向下关系资本的价值构成，然后建立了基于实物期权思想的关系资本"价值—风险"权衡模型，得到了关系资本"价值—风险"权衡下的基于实物期权的四种基本关系模式。

第 5 章，关系冲突情境下企业的权变决策与行为逻辑。本章沿着"关系冲突风险感知—关系权变价值—关系回应行为选择"的理论逻辑，首先对本章的核心概念进行了探讨和界定，提出系统的研究假设，构建概念模型；其次通过小样本预调研以及信度、效度检验，对问卷题项进行修正以确定最终问卷；最后进行深度调研，收集一手数据，对数据分析结果进行讨论。

第6章，结论与展望。本章根据实证研究结果对本书的研究结论进行了整理和总结，针对研究结论为企业提供可供借鉴的若干管理启示，并提出了本书研究存在的局限性与未来的努力方向。

1.4　研　究　方　法

1.4.1　文献研究法

文献研究法是现代科学研究中最基本的方法，它既可以作为一种单独的研究方法，也是其他研究方法的初步工作。本书在收集整理关于风险决策与风险感知、关系冲突、关系价值、实物期权、关系行为与关系文化、网络化成长六大主题相关文献的基础上，重点对国内外相关文献资料进行分析和综合，撰写研究综述，以便全面深入地了解相关领域的国内外研究现状，提炼概念模型。

1.4.2　实证分析法

第一，通过概念模型中设计的变量和研究维度有目的、有针对性、系统地搜集有关研究对象的现实状况的资料。首先通过设计比较科学合理的问卷，提炼准确并容易理解的问题，其次针对特定的研究对象发放并回收问卷，最后进行问卷数据的整理、统计和录入。在这个过程中保证样本的数量和质量，为后面的实证研究做准备。

第二，根据所提出的设计模型，利用专业的统计分析软件（SPSS 20.0），对实际的调研数据进行统计分析和整理，确定自变量和因变量之间的关系，以及控制变量对二者的影响作用。对通过问卷收集来的数据，运用描述性统计分析法分析样本的基本情况，通过测量 Cronbach's α 系数进行问卷的可靠性分析，再通过探索性因子分析来进行问卷的效度分析，之后又分别通过相关分析、方差分析、回归分析等统计方法，对数据做进一步的检验。

本书研究的技术路线如图 1.1 所示。

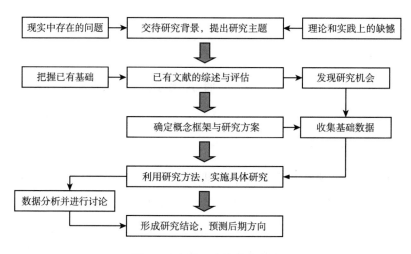

图 1.1　本书研究的技术路线

1.5　研究创新点

本书根据管理学、金融学、社会学、行为经济学的相关理论解释了网络化成长背景下企业面对关系冲突时的风险感知构成、价值权衡机理与行为决策过程，通过模型推导和实证研究，得到了有价值的研究结论。对该问题的深入研究不仅在理论上丰富了关系冲突理论、关系资本理论、关系价值理论、关系回应行为理论和中国本土关系文化理论的相关研究成果，也可以为企业的关系冲突管理实践提供有益的启示。本书的创新点包括以下两个方面：

　　（1）将关系权变价值作为中介变量引入了回应行为理论框架，进一步完善了关系回应行为决策的理论框架。冲突会诱发企业的消极行为，这一研究假设已经在关系研究领域得到了多次验证。但很少有研究者探讨合作者之间出现冲突时，企业对于关系价值会如何判断，以及冲突风险与关系价值之间的权衡对决策的影响。以往的研究证实了冲突对于企业关系行为的负面影响以及关系价值对于企业行为意图的正向影响，本书以关系权变价值为桥梁，构建了"感知冲突—关系权变价值—回应行为选择"的作用路径，发现企业的关系回应行为不仅是简单的刺激—反应模式，而是包含了内在价值—风险权衡过程的理性选择，这一研究发现不仅丰富了关系回应行为理论的前因变量研究，完善了关系回应行为理论的整体框架，增强了关系回应行为理论的解释力。

　　（2）将关系压力引入了回应行为的理论框架，拓展了关系回应行为理论在中国社会背景下的适用边界。先前针对EVLN模型的研究大多在渠道双边关系背景下进行，在企业行为选择的情境解读上存在不足，尤其是与企业所处的社会和国家背景相关的因素。本书在关注关系权变价值和企业EVLN行为选择关系的基础上，引入关系压力作为调节因素来探索关系回应行为理论在中国情境下的作用边界。研究发现，关系压力对于关系权变价值对关系反应行为决策存在着一定的调节作用，尤其体现在关系压力会抑制关系权变价值对规避行为和退出行为的抑制作用。本书基于中国独特的社会文化背景，对中国式关系网络中企业关系回应行为（EVLN行为）的异变和企业对于关系的价值判断如何影响关系反应行为的作用机理进行了深入的研究，将关系冲突理论、关系价值理论和中国本土关系文化理论共同整合进关系回应行为决策的理论框架中，拓展了关系回应行为理论在中国社会背景下的作用边界。

第 2 章　文献综述

本章对于国内外众多学者的相关研究成果进行了总结，梳理了风险决策与风险感知、关系冲突、关系价值、实物期权、关系回应行为与关系文化、企业网络化成长六大主题的文献，为后续的规范性研究奠定了扎实的理论基础。

2.1　风险决策与风险感知的文献综述

2.1.1　风险决策的相关研究

决策过程是一个选择过程，是为实现某种目标而对实现的方式及内容进行调整的过程。现代社会处于高速发展的状态，未来发展存在不可预见性，这就导致了决策进行往往伴随着风险。为使决策风险降低，需要保障决策具有客观性以及决策者拥有良好的自身素养。决策的客观性需要考虑决策目标能否完成，以及决策进行过程中周边环境的影响等多方面因素。决策者的自身素养主要包括知识水平、认知水平、价值取向以及风险预估承受能力等多方面能力。因此，若是决策者的素养较高，则更容易作出科学的决策，这对公司的发展也是很有帮助的。

决策理论经过多年的发展，在广大研究者的理论支持下，决策理论成为了系统性的理论体系，被划分为完全理性决策和有限理性决策两大体系。完全理性决策对于决策者有着相当大的素质要求，要求决策者拥有充足的理性分析能力，在作出具体决策问题时，需要充分考虑利益及概率问题，从而制订出最佳决策方案。期望值理论概念为：在多选择的决策方案中，利用计算数学期望值为手段，对每个方案进行计算分析，最后以期望值最大的方案为最佳方案。期望值理论作为风险决策理论的重要组成部分，应用范围十分广泛。但在这个时期，伯努利（Bernoulli，1713）认为期望值理论是不合理的，直接计算金钱的期望值无法有效评估方案，对收益的效用进行计算更加合理。冯·纽曼和摩根斯特恩（Von Neumann & Morgenstern，1953）以伯努利的研究为基础，提出了期望效用理论：为计算决策方案的数学期望值，应该充分考虑效用因素，具体公式为收益的效用和收益概率的乘积。弗里德曼和萨维奇（Friedman & Savage，1948）进一步深化了期望效用理论，提出主观概率概念，即主观期望效用等于收益的效用和收益的主观概率的乘积。

　　期望值理论随着人们的研究发展逐渐具有科学性，但在风险决策的具体应用中仍存在部分缺陷，所采用的计算公式无法与实际数据相匹配，期望值理论的不全面性使得其他相关理论得到发展。卡尼曼和特沃斯基（Kahneman & Terversky，1979）将期望值理论的研究成果与心理学理论相结合，并联系大量心理学案例，提出风险决策的前景理论。前景理论主要包括两个阶段：编辑和评价。编辑阶段主要工作为收集和处理信息，由决策者以框架、参照点等方式进行；评价阶段主要工作为对判断信息进行决策，由决策者以价值函数和主观概率的权重函数为依据进行评价。

　　前景理论是价值的相对变化量，期望效用理论是价值的绝对量，这是两者最显著的区别，采用价值函数对价值进行评估具有充分的科学性。从参考点角度分析，前景理论更加注重收益而不是损失。完全理性决策理论经过长时间发展以及多位研究者优化，最后形成了期望效用理论和前景理论两种有效理论。这些理论将实际问题转化为数学模型，为决策者进行风险决策提供理论依据。但由于现实决策复杂性，仍无法完全解释风险决策行为，在社会对更全面理论体系的需求下，研究者从非完全理性角度对决策理论进行分析与研究。西蒙（Simon，1956）提出了有限理性决策理论，该理论以满意标准和有限理性标准为基础，认为在决策者无法做到完全理性的前提下，应追求最大能力范围的有效实施，在有限理性下作出符合自身能力的最佳决策。

此后，研究者针对有限理性决策开展相应的研究，并取得很大的进展。李纾（2005）提出了"齐当别"决策模型，该模型对不同方案制定不同的选择路径，在差别较小的维度上对方案进行"齐同"，而对于较大的维度则优先选择处于上风的决策方案。为实现"齐"的行为和"别"的决策需要拥有大量相关信息，而在实际决策中往往无法获得齐全的信息资源，因此，此模型仍具有一定的缺陷。

对上述风险决策理论进行分析总结，其本质具有共同特点，都基于期望法则，即对风险的客观结果及发生概率进行转化，并衍生出理性期望模型，以模型结果分析期望法的可行性。风险决策理论的具体实施过程中还应注意：

（1）理论能否实际支持决策实践，决策者能否正确应用理论都需要重点关注。现有的理论基础能够对相关决策问题及悖论作出合理的解释和应对方案，但这些理论通常需要运用复杂的数学模型，决策者在现实决策中往往因为自身能力不足无法完全应用这些复杂的计算方法，从而导致决策失去客观性。

（2）为将风险的客观结果进行主观转化，需要科学评估未来的状态价值和概率，以及合理制定价值函数、权重函数和其具体表现形式。

（3）风险决策的正确实施需要对风险进行深入分析，从风险的来源及预防措施、未来的状态价值及概率与风险的内在联系、风险对个体决策者主观感觉和决策行为所造成的不良影响等方面进行探讨。

（4）利用风险偏好思想处理风险问题是风险决策中的重要手段，但决策者的自身素养不足易导致缺失风险回避、风险偏好和风险中立三种态度。

2.1.2 风险感知的相关研究

（1）风险与感知风险。风险在社会生活普遍存在，以至于研究者长期关注风险问题，在这个领域提出了很多研究成果，有了这些研究成果，加深了人们对风险的认识，也让风险相关理论迅速走向成熟。但是迄今为止，关于风险的确切定义在研究者中仍然是莫衷一是。早期的研究者们，更加关注风险的一般性定义。海耶斯（Hayes，1895）对风险这一名词进行了总结："风险并不属于任何一个学术领域的内容，它仅表示危害发生的概率"。通过上述定义，我们对风险的认识进一步加深，这些研究也深化了风险的内涵，让风险相关研究成果更加丰富。威雷特（Willett，1901）完善了海耶斯的观点，他认为，风险是关于不愿发生的某种事件的不确定性之客观体现。

随着科技的进步和社会的发展，各学科的学者们也纷纷展开了针对风险问题的研究，从不同的视角定义了什么是风险。社会学家认为，在人类社会中，风险是一种多维度、多层面的复杂现象，风险是一种综合多方面因素的事实结果，由事实、特定社会结构和社会文化等因素相互作用形成。经济学家把风险定义为某一事件造成经济损失的可能性，他们用赋值计算的方法对风险进行刻画，认为事件的风险值等于损失数额和发生概率的乘积。管理学家对于风险的定义则更加聚焦于风险事件对于企业绩效的影响，贝尔德和托马斯（Baird & Thomas，1985）从八种不同的视角定义了风险，这些定义都涉及投资回报的变化，特别是企业短期或长期财务绩效所受到的影响。而战略管理学派将风险看作可能改变企业发展轨迹的重要事件，认为风险是战略决策的关键变量（Pablo，Sitkin & Jemison，1996）。

人们在进行消费决策、投资决策和融资决策等行为时，不同的人往往具有不同的风险认识，对于客观存在的风险人们会加入自身的主观意识，使其感知到特定的风险，这种对风险不同认知的情形即为感知风险。但在学术界对于感知风险并不重视，仅对其操作性测量作出具体规定。同时，学术界也存在其他观点，有学者认为消费者对于客观风险重视程度不同，消费者易倾向于根据自身期望作出选择，对这些期望价值进行重要性加权的评估即为感知风险。综合上述观点，决策者应对各项决策选择作出风险预估，并将风险的期望价值与对应的重要性权数共同计算得出感知风险。通过感知风险，我们对风险的认识进一步加深，也提升了我们对风险的控制能力。

对于各项感知风险的决策权重需要考虑多方面因素，主要为风险发生可能性大小、决策环境以及决策者的个人素养等因素，即决策者因为其素养的差异性以及决策环境的多样性，即使在客观风险明显存在的情形下，所作出的决策仍有不同的侧重点。决策权重的不同往往会造成多种不良影响，例如所预估的风险严重偏离实际风险。

（2）关系风险。一般来说，关系风险可以认为是无法获得满意合作的可能性和结果（Das & Teng，2016）。目前针对关系风险概念的界定是从两个角度开展：一是从关系质量的角度将关系的不良状态（如冲突、低效率、解体）界定为关系风险；二是从合作者行为的角度将合作者的机会主义行为（如"搭便车"、偷懒等）界定为关系风险。

努特博姆、伯格和诺德海文（Nooteboom，Berger & Noorderhaven，1997）基于交易成本理论界定了关系风险，包括两个方面：合作伙伴采取机会主义行为的概率，以及这种机会主义行为所带来的企业损失。这两个维度是来源于风险的数学定义，这表明风险是与特定替代品相关的可能收益和损失的概率分布的方差。在网络环境下，企业战略目标的实现取决于合作伙伴关系行为以及客观的商业环境。这就导致在网络环境下，由于多重因素影响网络运行的最终结果，使得企业存在着一个多维的风险结构。

（3）风险感知的定义。感知是人类与外部世界之间的桥梁，是一个认识世界的过程，主要通过与外界环境事物接触获得新的认知。因此风险感知是嵌入在社会情境之中。根据斯洛维奇（Slovic，1987）的定义，风险感知是用来描述人们对风险的态度和直觉判断的一个概念。风险感知广义上属于心理学领域，具体表现为对客观风险的认知水平，同时说明了相关认知水平的影响因素为直观判断与以往经验。目前，风险感知研究有两个流派：一是公众心理学，关注公众对于地震、海啸、安全事故等灾害性事件的风险感知；二是消费心理学，关注消费者对于商品购买的结果。

　　公众心理学将感知风险作为人的本能反应，人可以依靠自身本能对风险作出规避措施。对于灾害事件，人们往往更倾向于依赖本能对风险进行判断而不是采用复杂的科学技术对客观风险进行分析，这种行为也是风险感知的一部分。风险感知具有两个特点：一是动态性，人们对于风险的评价和判断是会根据风险事件的发展进程而不断变化的，并且影响人们风险感知的环境因素也会改变；二是主观性，风险感知是在人们的心智过程中完成的，经历、智力、情绪等个人心智特征会显著地影响不同个体的风险感知，对于同一风险事件，不同的个体会有不同的风险感知水平。公众心理学认为，公众个体的风险感知，决定了他们的应对行为，形成了"风险感知—应对行为"的基本研究框架。

　　营销领域的研究者认为，由于买方与卖方之间的信息不对称，消费者在购买商品之前会对自己的购买行为进行风险判断，形成消费者的风险感知。消费者的风险感知在购买决策中具有重要的作用。鲍尔（Bauer，1960）认为，消费者的风险感知是因为消费者与商家之间的信息不对称造成的一种对于所购商品不能满足自身需要的顾虑和担忧。昆宁汉姆（Cunningham，1967）进一步完善了消费者风险感知的概念，他认为风险感知包括两个方面：一是出现不理想结果的可能性，二是这种不良后果的严重性。彼得和里安（Peter & Ryan，1976）指出了风险感知的本质——一种主观预期损失。后续针对消费者风险感知的研究基本因循了昆宁汉姆提出的风险感知定义，更加关注风险感知的维度划分和风险感知对于消费者购买决策的影响。

　　（4）风险感知理论模型研究。风险感知研究主要针对的是人应对风险时可能作出的反应，通过建立特定的灾害体系，使人们去应对灾难以观察其反应。对特定的灾害体系进行分类以区别人们对不同风险的厌恶程度，从而体现出理论观点与现实情况之间存在的差异。为保证反映测试的准确性，应采用心理缩放和多元分析等技术对人的风险感知水平与应对能力进行量化，这种量化方法被称为心理测量范式。采用心理测量范式，可以更加直观地得出人们对风险的期望水平，从而为作出合理的判断提供数据支持。科学的判断对于风险相关因素的评估具有重要作用，并存在内在联系，例如，在风险感知研究中提供相关信息；不同灾害可能给社会带来收益或者损害；每年的灾害可能造成的具体伤亡。

斯洛维奇（1987）将心理测量范式与风险认知相结合，利用心理测量范式的测量方法对风险进行测量，此法成为研究风险认知水平的重要途径。随后经过研究发展，形成了多维风险特征的测量方法，此法成为心理测量原理的重要组成部分。风险具有特异性，风险的特征维度就是在此基础上建立的，利用此法对风险进行分析具有很大优势。风险特征维度具有两级评价指标，通过多种风险特征维度对具体风险进行评价，从而建立完整的风险认知地图。风险认知地图是一个重要的风险评价工具，可为使用者提供明确的风险因素的位置与性质，是有效评价风险认知水平的重要手段。

2.2　关系冲突的文献综述

2.2.1　组织内冲突的相关研究综述

（1）组织内冲突的定义。关于冲突的研究起源于对组织内部冲突的研究，目前很难提出一个被所有学者普遍接受的冲突定义。不同的学者对冲突的认识不同，这表明冲突的单一现象可以得到不同的主观解释。有些人认为它是人际敌意的反映，而另一些人则把它看成出于不同选择或偏好而产生的人际分歧（Barki & Hartwick，2001）。

早期的研究者专注于开发一个包含整个现象及其过程的通用定义，如先行条件、情绪、知觉、行为（Pondy，1969）。科温（Corwin，1969）将冲突概念化为违反了本组织内部的合作准则的某种形式的人际或团体间行为（例如，争端和信息扭曲）。托马斯（Thomas，1992）也提出了类似的观点，他认为冲突是当一方觉察到另一方正在阻挠或即将阻挠他实现某种目标时开始的过程。这些定义都围绕一个共同的主题——识别触发和传播冲突的元素。

冲突并不一定与对目的的感知差异有关。当人们对目标有相同的看法，但实现目标的手段有分歧时，也会发生这种情况。冲突根源的问题得到了研究者们的普遍关注，耶恩（Jehn，1997）指出，冲突可能产生于与管理工作的手段的分歧，但这个推论并不适用于所有的情况。基于手段与目的的冲突分类是研究这种现象的常用方法之一，然而，还需要考虑到冲突的其他前因。

普特南和普尔（Putnam & Poole，1987）认为，冲突需要从人际交往的角度来看待。虽然个体或小组之间存在着不相容的问题，但是却又相互依赖，因为工作推进的压力迫使他们必须互相协调。然而，由于个人、情感或社会原因的不相容导致冲突频发。阿尔莫斯特、法卡斯和法安（Almost，Fcahs & Faan，2010）也证实了这一观点，确定冲突源于个人和环境对成员的影响。基于这一背景，组织内的冲突可以被定义为"由被剥夺感和不相容感触发的对于组织成员行为和知觉的一个连贯框架"。

（2）组织内冲突的经典模型。虽然以往研究者基于各自的理解和研究目的对冲突进行了不同的定义和分类，但是根据其所采用的冲突模型是侧重于结构还是侧重于过程，可以将冲突划分为结构模型和过程模型两类（Kilmann & Thomas，1977）。

冲突的结构模型的研究方向包括冲突各方的相互依存以及不相容性。当冲突由特定的社会环境因素造成时，通过对冲突双方存在的内在联系进行重点分析。多伊奇（Deutsch，1973）提出了团队冲突理论，认为冲突是由于双方存在依赖所造成的。合作是一种正向的相互依赖，而负向的相互依赖就形成了冲突，一个团队的运作过程中，往往容易产生竞争与冲突，团队成员之间因为相互依赖产生合作，但同时也因内部竞争产生冲突。而此时双方为达成原定目标需要与另一方相联系，因此，为减少冲突的发生，需要在各方联系增强的同时提高目标的一致性。埃默森（Emerson，1962）提出了权力－依赖理论，表明处于冲突状态下的各方为获取更多的资源及利益，需要依赖原有关系，此意愿程度就表示了冲突程度。社会关系中的权力问题对目标的实现有着重大影响，权力大的一方拥有更大的控制能力，权力越大，其对于他人目标的影响力就越大。为形成社会依赖关系，则需要某一方对目标的实现提供作用和价值，以及能否获得其他相关资源。在这种社会体系下，权力在各方间的交换及沟通有着重要作用。在交换关系中，存在着部分外部与内部因素，这些因素往往会导致冲突的发生。内部因素主要包括三个方面：个体感知、交易风格以及动机。外部因素主要为目标相容性，任务复杂度以及组织结构等多方面因素。

冲突的过程模型侧重于冲突的过程，将冲突看作一个动态的连续的序列。过程冲突模型与结构模型具有显著差异，此种模型以动态的角度对冲突进行分析，着重关注人际交往的过程。人际交往的过程是冲突产生的主要过程，同时也是冲突具体涌现的过程，此过程也包含了连接冲突的结构性因素。庞迪（Pondy，1969）所建立的冲突过程模型就有着多个潜在的前提条件，包括资源稀缺、权力大小和依赖程度三个因素，这些因素与多伊奇等所描述的结构性因素几乎相同。

以过程模型对冲突进行分析，可以了解到冲突产生的一系列过程。冲突产生的第一要素是存在易导致冲突发生的环境因素，如依赖关系、角色差异等环境条件，当团队成员处于这种环境中时，各方经过长期的交流与互动，会对成员的某些行为赋予特定的消极意义。部分研究者也将这个过程称为情境定义和责任界定。判断相关行为是否具有攻击性即为情境定义，责任界定则是对某一方是否违反相关规则并造成不良危害进行判别。简单来说，这一过程是一个特定关系的评价过程，是针对各方消极互动的评估方式，消极互动的产生一般为多方合作中的一方造成。此种过程模型使人们对冲突拥有一定的认知水平，以及因冲突所表现出的如生气、沮丧的行为进行合理的纠正，从而科学管理冲突行为。冲突的过程模型中还包含了一种特殊的关系，这种关系是一个反馈过程，具体表现为一个特定的冲突严重影响了未来的人际交往，以及引起下一个冲突的发生。

庞迪（1969）提出了一个更为科学的冲突过程模型——冲突五阶段模型，此模型受到广泛的普及。冲突五阶段模型将冲突具体分为五个阶段：潜在冲突、知觉冲突、感觉冲突、显现冲突、冲突结果，如图 2.1 所示。

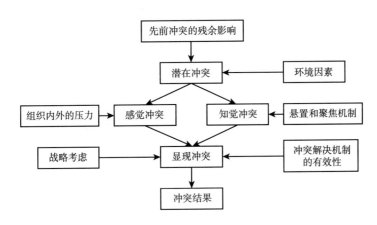

图 2.1　庞迪的冲突过程模型

潜在冲突作为该冲突模型的第一阶段，是冲突的前提条件，这类条件主要为目标的分歧、稀缺资源的争夺等因素。知觉冲突是情境定义的主要途径之一，是个体对于冲突的感知与认识水平。庞迪指出知觉冲突可分为两类：一种情况为误解型知觉冲突，主要原因是个体将不存在的冲突误以为存在，但仅需要进行充分的沟通与交流就能够解决冲突问题；另一种情况为对潜在冲突没有作出正确感知，行为人由于自身认知水平不足或因外界因素影响导致无法处理冲突问题而产生更为严重的冲突。感觉冲突在感知冲突的前提下加入了个人情感，当组织内部发生冲突时，往往会伴随焦虑、敌对等负面情绪在组织成员间蔓延。显现冲突则是当冲突发生后又进一步发生了敌对行为，如公开攻击其他成员。冲突结果，根据管理与解决的方式，可能造成组织内部分裂的消极后果或转化为促进反思与提升效率的机会。

罗宾斯（Robbins，1996）在冲突的五阶段模型的前提下，为其增添了部分内容，基本内容与原先动态模型基本相似，但对冲突显现阶段进行了细化，在其中加入冲突处理倾向环节，将此阶段分为意图与行动两个部分。罗宾斯的冲突五阶段模型如图 2.2 所示。

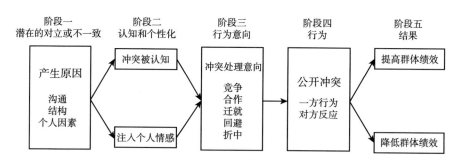

图 2.2　罗宾斯的冲突五阶段模型

冲突的过程模型与结构模型最大的区别在于过程模型充分考虑了认知过程以及个人情感因素。个人情感对于冲突具有很大的影响力，当感知程序处于不完全应用的情况下，人们对冲突的处理将缺乏理性。因此，个人很难基于客观事实对冲突进行分析与理解，容易导致所产生冲突行为与结构模型所分析的理性行为完全不相符。

（3）个体对冲突过程的感知。已有研究者认为冲突是通过个体的感知形成的，并且强调了冲突的感知特性（Barki & Hartwick，2004），许多研究者指出，冲突的不同参与者凭借自身感知冲突的方式对待已经发生的冲突情况，人们对冲突的认识是建立在冲突结构的不同维度基础上的，但是从冲突过程观的角度来看，人自身感知冲突的重要性不容被忽视。由于冲突具有动态的特点，冲突过程中不是静止不变的形式，它是一个动态的过程。所以，切忌盲目、草率地指定冲突的定义，首先应该去寻找冲突行为、状态等相互之间的关系，这些定义都是属于冲突的内涵。

过程模型的问世否决了复杂的冲突是由一定的因素直接影响的过程，模型证明了冲突是一系列的过程，在每一环节当中，个体对冲突的感知都至关重要。以往对于冲突进行了静态分析，与此同时简化了冲突这一过程，这导致研究界忽视了"个体感知"的核心理念。庞迪认为，在某些时候虽然缺乏未曾显现出的冲突条件，冲突仍可以被感知，然而虽然某些时候已经具备了冲突条件，但是主体可能仍感受不到冲突。他将前者定义成"语义模型"，后者定义成"抑制机制"，也有些学者将其判定为"注意力聚焦机制"。

除此以外，不同要素会影响冲突的不同环节，环节之间彼此相互联系，冲突的全过程中都可以以条件、感知、趋势等因素进行描绘。可以确定的是，因为冲突在发展的全部过程中受前一个时期、环境的影响，所以，有些冲突不会经历所有阶段，但是它有时在重点阶段被重点突出，从而最终都能被很好地解决。

综上所述，从冲突过程这一角度来看，冲突的内涵为：由一系列行为组织而成的动态过程，冲突不可以单纯定义为冲突的条件、主体感知等，也不是冲突公开后所显示的结果，冲突的完整、正确理解应该是涉及全部的发展阶段的全部过程。在这个过程中，感知起到了关键作用。上述的这些理论为日后的相关研究拓宽了新思路、提供了新方向。

2.2.2 组织间关系冲突的相关研究综述

联盟和伙伴关系已成为现代商业战略的重要组成部分。从组织间关系的角度来看，具有讽刺意味的是，随着合作企业之间相互依存程度的上升，冲突的可能性反而会增加（Braiker & Kelley，1979；Levy & Coser，1956）。杰克逊（Jackson，1985）发现，愿意维持长期关系的客户通常也是最难以满足的，因为他们对合作伙伴的任何行动都很敏感，而且相当不宽容。此外，合作伙伴既希望获得短期利益，同时也希望与合作伙伴的长期方向相同。事实上，在密切的关系中，严重的冲突可能会更加明显，因为随着组织的日益紧密，关系规范被认为更重要，而违反这些规则的行为会更严重地破坏关系。霍洛维茨（Horowitz，1985）指出，组织之间的亲密关系可能会引起频繁的冲突，如果合作伙伴觉得他们的关系很好，他们就不会避免冲突，因为他们不会担心它会危及双方关系的延续。此外，随着合作双方关系的日益密切，企业之间的交易与互动会更加频繁，因此，发生冲突的机会就越多。冲突是关系的一个关键特征，因为这些安排往往包含了行为矛盾（合作与竞争）、时态矛盾（短期与长期），以及结构矛盾（刚性与灵活性）的种子（Das & Teng，2000）。如果组织无法避免这种矛盾，那么这种关系就有可能进入冲突。

（1）组织间关系冲突的定义。企业间关系冲突与组织内冲突的关键区别是，冲突在组织层面（即企业之间）以及个人层面（即直接涉及关系的管理者和员工之间）都有影响。企业就合作关系、资源整合和产品交换等问题达成一致意见后缔结关系合约，自愿加入合作关系并同意放弃某些自由，根据签署的协定约束自身的行为。因此，关系引入了一个额外的组织域。与单个组织内的个人之间的冲突不同，没有正式和统一的层级结构来解决组织间的争端（Borys & Jemison，1989）。相反，必须通过关系的正式（例如合同）和非正式（例如关系规范）治理机制来解决冲突。这种关系治理是无法单方面开展的，而依赖第三方强制执行（如仲裁、诉讼等）代价高昂且效果不佳。这些因素导致企业间的伙伴关系基本上是自治的安排（Parkhe，1993）。

过往文献中对于组织间关系冲突的定义存在着共同点，大多强调合作者之间的相互依赖（Deutsch，1973；Wall & Callister，1995）。合作者中的一方要么阻碍、干扰、阻止另一方的行动，要么就使其他人的行为变得低效（Deutsch，1973；Coughlan，Anderson & Stern et al.，2006；Etgar，1979；Gaski，1984）。换言之，一方的行动至少必须有可能影响另一方实现其目标的能力（Brown & Day，1981）。因此，组织间关系冲突被认为是一方干扰合作者目标实现而实施的公然行为。

我们可以看出，研究者对关系冲突的界定范围逐渐扩大，关注的重点从显性的激烈对抗行为逐步转向潜在的意见分歧和心理感知，对于冲突影响的认识从单纯、刻板的破坏性作用发展为复杂、动态的权变性作用。虽然前人的研究对关系冲突管理领域作出了卓越的理论贡献，但仍然存在着局限性：第一，先前研究多以静态视角研究企业间的二元关系冲突，网络环境下关系冲突的异变、升级和扩散等问题关注不够；第二，先前研究多聚焦于从旁观者的角度来界定和分析冲突的实质内容，却忽略了冲突主体间对于关系冲突的感知和判断；第三，关系冲突的影响是权变性的，具有很大的不确定性，其本质是一种风险，而先前的研究几乎无人从风险角度来探讨冲突问题。

（2）关系冲突的前因。关于关系冲突前因的研究包括两个分支：第一个分支关注冲突发生前的关系状态。这些研究认为，关系冲突爆发根本原因是关系状态的恶化。第二个分支关注关系冲突的具体诱因。针对冲突诱因的研究都是从冲突管理的角度进行的，希望通过对冲突诱因的研究来为关系冲突的管理策略找出方向。

在关注冲突前关系状态的研究中，信任是最受研究者关注的变量，这与过往研究中发现的关系冲突会严重削弱企业间互信的结论相统一（Dirks，Lewicki & Zaheer，2009；Robinson，1996）。诸多文献基于归因理论从能力信任和正直信任的角度对关系冲突的前因进行了探讨（Reeder & Brewer，1979；Kim，Ferrin，Cooper et al.，2004）。大多数现存的研究关注的都是个人层面合伙人之间的信任程度，但正如扎希尔、麦克维利和佩罗内（Zaheer，Mcevily & Perrone，1998）所证明的，个人层面的信任和组织层面的信任存在着明显的差异，组织间的信任可能会对二元关系冲突造成显著影响。汤姆林森和迈尔（Tomlinson & Mayer，2009）基于归因理论建立了跨层次信任感知模型，认为信任是关系冲突的关键因素。尽管信任无疑是冲突前因研究中最重要的关系状态变量，但是还有其他的关系状态变量也受到了研究者们的关注。加内桑等（Ganesan et al.，2010）认为，无论是情感承诺还是计算承诺，都是重要的冲突前因变量。

在对于关系冲突具体诱因的研究中，权力是冲突的第一种诱因，也是最受关注的诱因。贡斯基（Gaski，1984）将权力行为定义为企图改变他人行为、行使权力或实际改变他人行为或结果的活动。弗雷泽（Frazier，1983）使用了一个不同的术语——"影响策略"来描述关系中的权力，他认为"影响策略"是"用于行使企业权力的沟通方法"。卢什（Lusch，1976）将影响策略归为两大类：强制性和非强制性。强制性影响策略与非强制性影响策略的区别在于它涉及某种类型的惩罚的威胁。

卢什认为，非强制性影响策略包括奖励、合法化、授权和专家影响策略。奖励包括经济奖励，如津贴和更好的信贷条件以及奖品和社会福利等非财务奖励。合法化策略包括两种形式：一种是传统的合法化，当一家公司被认为是市场领导者时，会自动获得具有合法性的权力（Brown，Lusch & Muehling，1983）；另一种则是正规的合法化，权力是以合同协议为基础的。授权是指一方希望与他人建立关系来获得认可。这可能是因为社会或政治的影响，也可能是因为与该个人或组织有关的经济利益。当人们觉察到某个特定的个人或群体在某一领域知识渊博或技能娴熟时，该个人或群体往往具有专家的能力。这种知识或技能必须是显而易见的，并得到其他人的认可，才能有权力存在。

弗雷泽和罗迪（Frazier & Rody，1991）将非强制性影响策略定义为信息交换、讨论商业策略、要求和建议，还定义了三项胁迫性策略——许诺、威胁和法律上的恳求。不管影响策略的名称是什么，更重要的是要注意无论使用何种类型的影响策略，这种行为很可能会被关系中的合作伙伴所回报（Kim，2001）。弗雷泽和罗迪还发现，这两种类型的策略都与渠道关系中显性冲突的程度有关。吉肯斯和库玛（Geyskens & Kumar，1999）发现在所有的强制性和非强制性影响策略中，只有威胁策略在相似的渠道关系中增加了冲突的知觉。

贡斯基认为权力的行使与否和行使方式跟冲突的演化关系密切，冲突的减少可能是由采用非强制性影响战略、未行使强制影响战略和未行使权力造成的，而冲突的增加可能是由未采用非强制性影响战略、行使强制影响战略和行使权力造成的。布朗、卢什和谬俄林（Brown，Lusch & Mueling，1983）发现，非强制性权力中的奖励以及强制权力与冲突的感知正相关，授权、专家影响和合法化与冲突感知负相关，但他们没有确定权力与冲突之间的因果关系。同样，贡斯基提出，权力或冲突都可能是另一方的前因。摩根和亨特（Morgan & Hunt，1994）在一项对独立轮胎经销商的研究中发现，强制权力是破坏性冲突的直接前因。

　　权力的另一个维度是关系中权力的平衡。如果关系双方的权力不平等，冲突的程度将会增加。然而，如果双方或各方拥有同等的权力，冲突的程度将会减少（Weitz & Jap，1995；Stern & Reve，1980；Young & Wilkinson，1996）。贡斯基指出，反制权也会导致关系中冲突的增加。反制权是一方当事人使对方无法行使其权力的能力。这不同于权力，权力具有让另一方做某事或改变行动方针的能力。

　　权力平衡与依赖性密切相关。如果关系中的一方依靠另一方来实现自身的目标，就会存在依赖性。在渠道关系中，依赖性越高的企业，权力越小。权力的缺乏导致企业难以控制其他成员，从而引发更多的冲突（Robicheaux & El-Ansary，1975）。虽然对依赖的认识有些消极，但合作伙伴间总的互依水平已被证明可以降低关系冲突。相反，当互依性的不对称程度增加时，冲突就会增加，这意味着一方比另一方想从这段关系中获得的利益更多，也更在乎这段关系（Kumar，Scheer & Steenkamp，1995）。

　　冲突者的态度是冲突的第二种具体诱因，描述卷入冲突的个人和组织的态度、倾向、观念和反应。冲突者的态度根源在于关系成员所扮演的角色，包括参与联盟的组织或公司。角色是每个成员应表现的一组预期行为（Etgar，1979）。当关系参与者的行为与角色期望不符（Rosenberg & Stern，1971），或关系参与者搞不清楚自己的角色（Etgar，1979），或者当一个或多个参与者对他们的角色不满意时，冲突就很可能发生。冲突的另一个态度来源可以被称为感知。罗森博格和斯特恩（Rosenberg & Stern，1971）发现，对现实的不同看法导致关系冲突。这些认知上的差异可能是由对信息的主观解释、不同的商业文化以及不同的沟通方式引起的。

冲突的第三种具体诱因是目标分歧。合作者之间必然会在他们选择追求的目标上有一些差异。但这些差异的目标却会成为企业决策的标准（Rosenberg & Stern，1971），这些决定可能会对实现另一方的目标产生不利影响，从而增加冲突发生的概率（Frazier，1983）。

冲突的其他诱因还包括稀缺资源竞争（Deutsch，1973）、自治动机（Etgar，1979）、关系长度（Young & Wilkinson，1989）、契约关系的正式性（Young & Wilkinson，1989）、共享价值（Jehn & Mannix，2001）等。

（3）关系冲突的形式。过往研究提出了诸多关系冲突的形式，最普遍的冲突类型划分是基于能力问题的冲突与诚信问题的冲突，这个划分适合于企业间关系冲突。在基于能力的冲突中，冲突的表现是合作伙伴企业的技能或知识无法满足合作的需要，而基于诚信的冲突则表现为更加基本的问题，涉及合作伙伴企业的固有行为和规范。加内桑等（Ganesan et al.，2010）对基于诚信的冲突进行了深入研究，发现背德行为（即背离可接受规范的行为）和机会主义（即算计合作伙伴的行为）作为缺乏诚信的两种截然不同的表现形式。

其他几种形式的关系冲突也在文献中有所提及。弗雷泽和罗迪将关系冲突划分为潜在冲突和明显冲突。潜在冲突是指两家企业在流程和政策方面存在的"不相容的基本状况"，而明显冲突则包括妨碍伙伴实现目标的公开行为（与"冲突"的定义相一致）。文献中另一个常见的划分方式是建设性冲突和破坏性冲突（Deutsch，1973；Dwyer，Schurr & Oh，1987），以及类似的功能性冲突和非功能性冲突（Koza & Dant，2007；Rose & Shoham，2004）。阿塞尔（Assael，1969）详细地研究了通用汽车两年来的关系合作，其中经销商的投诉会促使制造商调整其一些经销商政策，这种冲突具有建设性，对于合作双方都是有利的。对于建设性冲突的研究具有特别的意义，因为持这一观点的学者认为冲突可能是推动企业间关系发展的积极力量。

（4）关系冲突的后果。冲突是关系管理中的一个重要话题，会对企业产生重要的正面和负面影响。正如科塞（Coser，1956）所说，任何关系都无法达到完全和谐。当人们聚集在一起的时候，他们既需要融洽也需要纷争，既需要联合也需要独立，而他们内部的冲突绝不是完全的破坏性因素。然而，对于冲突后果的研究大多是从消极的角度来开展的。研究发现，冲突可以使企业更难接受合作者的想法（Jehn，1995）。它还可能导致过多的精力用于讨论、解决或忽略冲突，干扰了正常的业务合作进程（Levine & Moreland，2002；Jehn，1995）。冲突造成的其他负面后果包括限制和扭曲信息流动，可能导致基于信息匮乏和单方承诺的冲突解决。这些消极后果往往涉及缺乏关系管理能力但却必须依赖关系生存发展的企业。目前，关系冲突的后果可分为以下两大类。

第一，行为后果。罗森布鲁姆（Rosenbloom，1973）提出，冲突可能会影响分配渠道的效率，形成四种不同的结果：一是由于冲突程度加剧，效率下降。当双方都只考虑自己企业的目标和利益时，这种结果就会发生。二是它对合作效率没有影响。当合作伙伴彼此相互依赖，无法单独生存时，冲突会被忽略。三是冲突可能导致合作效率的提高。这种结果的发生是因为双方都意识到冲突的发生是自己没有达到对方的合作期望。四是前三种结果的组合。起初，冲突被忽略，因此对效率没有影响。然而，随着冲突程度的不断提高，效率首先得到提高，最后下降。

其他类型的行为结果包括市场和财务绩效。冲突已被证明会降低企业的资产和资产周转率（Lusch，1976），影响"市场表现"，其中包括市场份额、市场份额收益和销售增长（Menon，Bharadwaj & Howell，1996），并且会影响净利润（Dabholkar，Johnston & Cathey，1994）。

第二，关系后果。冲突中的任何关系都不能保持不变。关系冲突最直接的后果就是关系状态的变化。冲突的最明显的关系结果是关系不复存在，即关系解体（Walters，1977；Day，1995）。沃尔特斯（Walters，1977）指出，除了关系解体，冲突后的关系还包含另外两种形式：一种是"冷战"，即关系依然是完整的，并在最低水平运作，但没有协调或积极的态度存在，关系各方都十分冷漠。虽然这种情况可以存在一段较长的时间，但关系最终还是会走向解体；另一种是"协调"。这种形式是建设性冲突的关系结果。它的特点是合作强化、分歧减少和信任增加。沃尔特斯认为，冲突的关系后果必然包含在这三种不同的结果类型之中。

冲突的关系后果还包括对于信任和承诺的影响。在针对70篇冲突研究文献的元分析中，吉斯肯斯、斯廷坎普和库玛（Geyskens，Steenkamp & Kumar，1999）确定了冲突与信任的反向关系。杨和威尔金森（Young & Wilkinson，1989）还发现，在冲突出现时，信任的程度似乎普遍较低。争执和冲突的历史可能导致一个关系成员认为其他成员对于这段关系不够忠诚（Anderson & Weitz，1992）。这种较低的承诺是冲突的直接结果，还是冲突的结果影响到另一个变量尚未确定。一种可能性是，当信任因冲突或其他原因而降低时，承诺会降低（Geyskens，Steenkamp & Kumar，1999）。

最后一种关系后果是关系成员的满意度。多数学者认为，关系满意度的下降可能是冲突的直接结果（Gaski，1984），但是另一些学者认为，冲突的管理方式决定了关系成员的满意度似乎更加合乎逻辑（Dabholkar，Johnston & Cathey，1994）。然而，罗森博格和斯特恩（Rosenberg & Stern，1971）的研究结果表明，二者之间的因果关系实际上可能是：冲突水平是满意程度的结果。

（5）调节因素。在关系冲突的文献中，最后一个重要的考虑因素是潜在的调节变量。在关系研究领域值得注意的调节变量包括行为规范、协调水平和相互依存、替代者（Cannon & Perreault，1999），以及冲突问题的大小、利害关系和复杂性（Dant & Schul，1992）。另外，最近的两项研究表明，在考虑

关系冲突时，转换困难（Gray，2011）、合同细节和权力不对称（Lumineau &
Malhotra，2011）也是关键的调节因素。事实上，大多数的这些因素都描述了
关系或冲突的基本特征。

（6）组织间关系冲突研究评述。组织间关系冲突的第一个关键特点是，
它不仅在组织水平上产生影响，还涉及直接参与这些关系的个人。组织，无
论是企业、非营利组织还是政府，都建立在部门间的合作基础上，其中包括
资源共享和服务交换。与单一组织内的冲突不同，组织间的争端没有单一的
解决机制，而是依赖正式和非正式的治理安排。这种治理方式需要各方的协
同努力，并且通常是自治的，同时仲裁和诉讼这样的第三方介入往往成本高
昂且效果有限。组织间关系冲突的第二个关键特点是受到制度环境的影响比
人际冲突更加深刻。组织间冲突并不是存在于真空中的，而是受到为生产、
交换和分配奠定基础的基本政治、社会和法律规则的影响。例如，跨国企业
之间的冲突受到各国制度环境差异的影响。制度环境包括正式（如法律、政
治）和非正式（例如文化）因素。虽然人际冲突和组织间冲突都可能受到制
度环境的非正式因素的影响，但我们认为，制度环境的正式因素对组织间冲
突的管理过程的作用更为显著。例如，正式合同在组织间冲突的治理中起着
核心作用。合同手段的效力取决于当事方可依赖法律制度执行合同的程度。
同样，企业能够终止组织间关系的难易程度也受到政治和法律制度的影响。
这些环境因素与人际冲突没有多大关系。因此，我们认为，制度环境会影响
组织间冲突管理和人际冲突管理的重要差异。

2.2.3　网络视角下关系冲突的相关研究综述

网络研究范式与传统研究方式的最大不同就是在于前者的研究重点集中
在行动者（个体、群体和组织）之间的关系及其嵌入其中的网络上（Gran-
novetter，1985；Brass，Galaskiewicz，Greve，et al.，2004），对企业网络化成
长中的行为解释由个体属性转向限制行为主体的网络关系特征。遵循网络范

式的研究者认为，行为者在网络中的联系方式影响了冲突的发展。在关系网络中，冲突的根源可能是间接的，其中一段关系的冲突会传输到网络中的另一段关系中。哈德吉坎尼和哈坎森（Hadjikhani & Hakansson，1996）的案例研究表明，在网络背景下，冲突的根源实际上可能比二元关系更为复杂。以往研究多聚焦于关系冲突的二元结构，而较少考虑网络中其他关系对于该二元关系冲突的影响，而关系网络作为二元关系冲突发展的背景而存在，对关系冲突的诱发、演化和扩散具有重要影响。网络背景下对于关系冲突的研究主要包括五个方面：

（1）针对网络关系冲突主体的研究。网络变量对企业成长机制的贡献通过结构嵌入、关系嵌入和社会资本三个途径实现，结构主义的传承通过整理网络和自我中心网络视角实现更大范围的网络影响（Borgatti & Foster，2003），而关系嵌入机制更多地体现为二元关系的背景和内容（Grannovetter，1985）。但是目前对网络关系冲突的研究仅限于二元关系层面，应该考察存在于宏观和微观之间的"过渡单位"，如三元关系、小群体等。复杂网络嵌入的企业既可能是冲突的直接主体，也可能是冲突传导的载体与介质。这种冲突既涉及产业链的纵向关系，又包括结构等位下同行的横向关系；既包括核心成员与边缘成员之间，也涉及关系对等方。因此关系冲突的跨层面跨边界研究更具理论价值（Kilduff，Tsai & Hanke，2006）。

（2）网络关系冲突的边界问题分析。在个人和群体层面的研究中，网络边界的天然性，使得关系冲突研究的边界较为可行。但今天的企业可以通过信息技术、虚拟空间和核心能力的模块化对接，实现"小核心大外围"的无边界发展（李海舰，陈小勇，2011）。无限延展的网络关系并不存在明确的边界，这使得关系边界的确定带有研究者的主观色彩。一些学者尝试从受访者的主观感知角度来测量所在网络的关系冲突边界，但这种基于主观感知的边界与基于交际成本的边界有何区别，网络关系冲突边界这个问题值得研究。

（3）节点企业网络资源能力的约束对冲突诱发的影响。网络组织在资源、技术、能力的禀赋差异决定了其在网络议价权力、租金分配权等方面的非对等性（Inkpen & Beamish，1997）。专用资产和技术的套牢效应与溢出效应增加了强势一方的机会主义倾向（龙勇，付建伟，2011；Das & Teng，1999）。公平而非效率的评估是维系合作关系的关键。在这种非对称依赖关系下，弱小企业会被锁定在非生产性关系（Gordon & McCann，2009）、阻止企业关系优化（Lozano & Arenas，2007），加之利益补偿机制缺失都增加了关系冲突发生的概率（Thun & Hoenig，2011）。

（4）网络结构特征对关系冲突诱发与扩散的影响。首先，从整体视角看，网络自组织过程中的路径依赖特征是网络结构刚性、行为僵化和思维惰性的根源。这种"自黏性"产生的"柠檬市场"效应会造成网络企业过度竞争引起局部冲突。企业网络结构所展现的"无标度"特征（Latora & Marchiori，2003），使关系冲突呈现局部鲁棒性和整体脆弱性（张峰，杨育，贾建国等，2012）。其次，在网络局部，关系过度嵌入带来的锁定效应和路径依赖导致具有强关系的冲突方通过利益链波动传导到其他网络节点上（彭正银，杨琪帆，2012）。最后，根据 Burt 的结构洞理论，结构洞富集网络中的机会主义倾向更明显。企业可以通过补洞、卡位等措施，利用结构洞第三方控制效应放大或收敛冲突扩散的规模与强度。

（5）文化因素对关系冲突的影响。帕尔贝格（Pahlberg，1995）认为，对于企业间关系中的冲突或合作水平，网络因素在许多情况下比文化距离更具解释力。特别是，企业间的文化冲突可能会因存在一种有利的关系"氛围"而减少，从而产生相互理解、共同规则和惯例。关系氛围，在第一个 IMP 研究中的一个中心概念（Hakansson，1982），表示两个行动者对他们的关系的相互感情，基于如信任程度和承诺的双方表现等因素。氛围也受到权力对称程度或双方之间的"平衡"和他们所表现出的合作程度的影响。在长期的重复交换中，他们形成了相互的态度或规则来管理他们的活动，使每个缔约方能够以适当的方式理解和回应对方的行为。

2.3 关系价值的文献综述

"价值"是企业管理的基石，也是战略管理、财务、会计和营销等诸多管理研究领域长盛不衰的热点问题（Anderson & Narus, 1990）。近年来，营销领域的研究者们发现，在营销过程中，企业间良好关系的作用举足轻重，然而如何衡量关系的价值却是一个挑战。实际上，采用传统的价值观念评估交易对象的价值已经无法满足企业经营的实际需要。营销学领域的研究者们现在普遍认为良好的合作关系是企业所拥有的重要战略资产，对企业间关系的概念化和价值衡量是研究者们关注的热点。

2.3.1 关系价值的概念探讨

安德森和纳鲁斯（Anderson & Narus, 1995）将关系价值定义为"企业客户在技术共享、质量和设计改进等关系中接受的经济、技术、服务和社会效益的货币价值"，这些价值通常是由企业之间的持续互动所衍生的。威尔逊（Wilson, 1995）将关系价值定义为提高合作伙伴竞争能力的关系产出，关系价值的创造则是一个从互动中建立信任和沟通的过程。其他研究者从其他角度对关系价值进行了定义，如利益与成本（Hogan, 2001）、成本削减（Kalwani & Narayandas, 1995）、关系管理、经济和社会利益（Anderson & Narus, 1995）、信念和竞争优势（Wilson, 1995）等。在诸多研究者们试图概念化关系价值的工作中达成的普遍共识是，"关系价值是在产品中的质量或利益（消费者）相对于他们在支付价格时所感知的成本之间的某种权衡"。[1] 此外，还有研究者认为，"关系价值是消费者对产品效用的总体评估，基于对所收到的

---

① Monroe K B. Pricing: making profitable decisions [M]. McGraw-Hill, 1990.

和所得到的东西的感知"。①

　　其他诸多文献也强调了关系价值在战略层面的重要意义，对市场营销中的关系价值的研究似乎主要着眼于确定企业间关系的哪些方面和要素具有或可能产生重大的经济后果，这意味着它们会造成损失或使有关各方受益。一些学者提供了相当广泛的关于关系价值的文献综述，并给出详细的价值模型（Lindgreen & Wynstra，2005；Ulaga & Eggert，2006；Henneberg，Pardo，Mouzas et al.，2009）。研究者倾向于认为价值可以有不同的维度（社会、经济、货币）。然而，商业关系的价值只能在所涉各方之间的关系中产生的成本与后果，其中包括交流以及各种形式的互动和通信（Ravald & Grönroos，2013）。实证研究表明，关系的价值可以来自许多因素，如产品质量、供货效率、服务支持、人际互动、上市时间、供应商的指导、收购和运营成本（Ulaga & Eggert，2006）。该价值不仅反映了交换的硬件和软件组件，还体现了员工及其响应能力、灵活性、可靠性和能力（Lapierre，2000）。但是，关系所带来的好处和成本可能不仅是来自关系本身，还来自网络内部其他的关系。因此，关系外部的情况（例如网络实体之间的相互联系程度、企业联系的数量、联系人组合中的权限以及关系驱动因素之间的交互）也是影响关系价值的重要因子（Palmatier，Dant & Grewal，2007）。

　　这些研究表明，关系价值的概念是多维的，可以看作利益与成本之间的权衡。考虑到商业关系的经济价值的可能维度的复杂性，那么问题就变成了这些维度在何种程度上可以同时存在于一个关系中，以及个体行为者如何感知和处理这种复杂的价值维度。关于这些问题，当代关于关系价值的研究变得更加不同。

---

　　①　Zeithaml V A. Consumer Perceptions of Price，Quality and Value：A Means-End Model and Synthesis of Evidence [J]．Journal of Marketing，1988，52（3）：2 – 22.

2.3.2 关系价值的构成维度

关系价值的概念来源于商业和服务营销，通常被定义为具有事务性和关系维度的高阶构造（Ulaga & Eggert，2005，2006）。在文献中常见的研究主题是对其主观性质的探讨、与相似概念的比较以及利益和成本的权衡。威尔逊和贾恩特拉尼（Wilson & Jantrania，1996）将关系价值分为三种类型：经济价值、战略价值和行为价值。乌拉加和艾格特（Ulaga & Eggert，2006）基于扎根理论的研究具有代表性，他们指出关系利益包括核心利益、流程优化和客户服务，关系成本包括直接成本和间接成本。其他研究者将心理成本，包括时间投入、负面情绪和与供应商交流相关的风险也纳入了关系成本的范畴。

乌拉加和艾格特（2006）所提出的高阶关系利益结构由五个维度组成：产品利益、服务利益、知识利益、速度利益以及社会利益。在 B2B 关系中，产品利益被认为是交换过程的核心，因此是关系价值的关键驱动因素（Homburg & Rudolph，2001；Spiteri & Dion，2004；Ulaga & Chacour，2001；Ulaga & Eggert，2002）。

服务利益被认为是关系利益的重要组成部分（Lapierre，2000；Ulaga & Eggert，2002）。在 B2B 关系中，客户服务通常被视为竞争优势的源泉，因为竞争对手对此无法轻易复制。客户支持在企业初次合作的情况下可能是至关重要的，因为客户可能在产品的许多功能上需要援助（Homburg & Stock，2004）。

合作关系带来的另一个好处是与各种利益相关者进行网络交流以及分享或转让知识的机会。企业从合作伙伴那里获得的知识越多，维持合作关系的意愿越强烈（Hogan，1998，2001）。近年来，研究者发现，合作关系还能够带来速度优势（Johnston，McCutcheon，Stuart & Kerwood，2004；Spiteri & Dion，2004；Ulaga & Eggert，2002）。在保健品市场上，人们清楚地认识到，新产品的快速引进是行业竞争成功的重要因素。愿意快速跟踪新产品开发的制造商将被视为其市场营销分销商的重要合作伙伴。

社会利益是乌拉加和艾格特提出的关系利益构念的最终维度。薇姿和布拉德福德（Weitz & Bradford，1999）强调销售代表在企业间交易关系中的作用，"作为买卖公司之间的主要联系，它们对买方关于卖方可靠性的看法和卖方服务的价值以及买方对继续这一关系的兴趣有相当大的影响"。①

2.3.3 关系价值研究的争议

大多数商业关系包含丰富、多样和可变的元素，共同影响相关各方的利益和成本。在一个企业重要的商业关系中，价值背后的元素往往是复杂的、难以描述的。由于价值只能从归属或使用的感知后果角度来构思，因此它依赖于"价值主体"，而不是仅仅依靠"交换对象"的特征。因此，评估一项关系的价值涉及"一种将所得到的（例如绩效）与维持费用（例如财务、心理、努力）相比较的判断"。关系的感知价值主要反映了契约的特征和关系的内容。这种观点明确或隐含地假定关系本身具有价值，并且这种价值可以以某种方式客观地建立。然而，企业的感知可能会造成问题，因为他们可能会有所不同，但随着时间的推移，将会更接近"客观"的现实。企业会定期对关系价值进行审查，并随着时间推移变得更加精细化（也更准确）（Eggert，Ulaga & Schultz，2006）。虽然几位研究者都强调价值感知的重要性，当评估价值时他们依然是从客观角度入手（Ulaga & Eggert，2003）。因此，他们认为关系价值不仅是基于客观现实的，而且在涉及"交换对象"时所有关系都是同质化的。

其他关注商业关系价值的学者则持截然不同的观点，他们认为不同的客户和供应商对自己的关系的产出有着各自的期望和看法。这些学者倾向于认为关系价值"具有唯一性且由受益人决定"，且这种价值是"特殊的、经验化

① Weitz B A，Bradford K D. Personal selling and sales management：A relationship marketing perpective [J]. Journal of The Academy of Marketing Science，1999，27（2）：241-254.

的、嵌入关系背景之中的",会随着时间推移而改变。本书也将把价值视为行动者的个体判断。

关于感知价值变化的看法,一些研究表明,所期望的最终状态(即价值、指导原则、核心动机和目标)并不构成个人或组织改变的根本动机。相反,期望的最终状态的变化与预期结果和期望属性的变化并行发生(Wilson & Jantrania, 1994)。在商业关系价值研究中,概念化价值方法的另一个分歧是,个体行为者如何应对复杂性。面对复杂的现象,管理者需要简化复杂的局面,以刻画和分析企业的生存环境。他们基于这些商业的现实形象,根据自己的认知作出关系决策。

2.4 实物期权理论的文献综述

2.4.1 实物期权理论的发展脉络

实物期权理论首先从实物期权和金融期权之间进行类比。金融期权是一种衍生证券,其价值来源于另一金融担保的价值和特征,或所谓的基础资产。根据定义,金融期权赋予其持有人权利而非义务,在某一特定日期(即到期日)或之前以指定价格(即行使价格)购买或出售基础资产。金融经济学家布莱克和斯科尔斯(Black & Scholes, 1973)开创了一个金融期权估值的公式。其方法论开辟了对金融资产定价的研究,为期权理论的发展铺平了道路。

"实物期权"概念是从梅耶斯(Myers, 1976)的想法中发展出来的,即人们可以将公司的可自由投资机会看成不动产的认购期权,就像金融认购期权提供金融资产的决定权一样。通过类比,实物期权作为其基础资产,是预期经营现金流量的总项目价值;其行使价格是获取此基础资产所需的投资;成熟的时间是决策者在投资机会到期前可以推迟投资的时期。实物期权是对实际资产的投资,而不是金融资产,它赋予该公司未来采取某些行动的权利,但不是义务。

经济领域的实物期权研究发展了一种常见的实物期权分类法，包括延期期权、分期投资期权、改变经营规模的期权、放弃期权、转换期权和增长期权。此外，投资经常涉及上述一些常见的实物期权的组合，它们的组合价值往往与孤立的每个期权的价值总和不同（Trigeorgis，1993）。技术开发或风险资本等投资可能包括多个投资阶段，这种多级投资包括复合期权，其基础资产不是真正的资产，而是另一种期权。如果投资者能够同时持有一系列期权，在某个时间点进行多次投资的公司可能会经历期权组合的相互作用。因为在一个投资中嵌入的期权可能会塑造价值公司持有的其他期权，因此期权组合的整体价值会发生改变（Luehrman，1998）。

经济学领域中采用的实物期权分析法对企业在不确定条件下的投资进行评价，并对投资的最佳环境进行建模。例如，早期的实物期权研究评估了对自然资源和柔性制造业的投资（Brennan & Schwartz，1985），分析了投资土地开发的最佳时机，并研究了期权之间的关系（McDonald & Siegel，1985）。迪克西特和平狄克（Dixit & Pindyck，1994）回顾了不确定条件下投资的相关文献，并提供了关于实物期权理论进展的广泛讨论。然而，实物期权理论的研究领域近年来逐渐扩展到了企业的战略投资方面，其中两个相关的研究支流值得管理学者注意：其一，研究者们日益关注企业投资的竞争环境和实物期权的战略层面，尤其是企业的竞争战略；其二，研究者们利用实物期权理论分析了企业在更广泛的合作背景下，在 R&D 等战略资源开发活动以及其他企业发展活动（如收购和多样化）方面的投资问题。

鲁赫曼（Luehrman，1998）指出，与实物期权领域中大量的理论著作相比，大规模的实证研究相对较少。现有的经济学领域有关实物期权的实证分析，在很大程度上仍然是自然资源投资和房地产开发领域分析工作的重点，关注特定期权对公司价值的影响，缺乏关于投资战略资源和公司发展的实证研究，而且与组织、奖励等有关的方案执行问题仍有待深入探讨。

2.4.2 实物期权理论在战略管理领域的发展

20世纪80年代初,管理研究人员发现了传统金融技术如净现值(NPV)方法在资源分配和战略决策上的缺陷,开始关注实物期权理论在战略管理领域的应用。以凯斯特(Kester,1984)为代表的财务经济学家认为,这些技术使人们难以解释经常嵌入在企业投资项目中的后续投资机会,以及捕捉管理人员在调整其决策以适应不断变化的市场和技术不确定性方面的灵活性。

科佳(Kogut,1983)是对实物期权理论在战略管理上的应用进行理论研究和实证研究的先驱者之一。他的开创性工作始于对跨国公司战略投资的研究,以及跨国公司在各国之间的业务协调问题。在一系列研究中,科佳(1983,1985,1989)发现,跨国经营为跨国公司提供了一系列实物期权,以便利用各国目前存在的高度不确定性和异质机会。例如,他建议国际投资赋予跨国公司有价值的增长选择,在外国的初始投资往往具有很大的期权价值,因为投资可以为未来的扩张创造机会。他强调,跨国公司拥有一系列的交换期权,通过允许公司在不确定的环境条件演变的情况下将价值链活动转移到地理位置分散的子公司,从而提升运营灵活性。

后续的研究以更具体的方式扩大了科佳的贡献。例如,科佳和库拉提拉卡(Kogut & Kulatilaka,1994)开发了一种模型,能够在汇率不稳定的情况下,捕获两个国家地点之间生产切换的期权价值。科佳和常(Kogut & Chang,1996)用实证方法测试了先期投资可以作为随后扩张的平台的假设,并且他们发现日元的升值会触发日本公司在美国的直接投资。米勒和鲁尔(Miller & Reuer,1998)研究了美国跨国公司在外汇汇率变动方面的经济风险,发现拥有更大外国直接投资的公司的风险敞口较低,这种风险敞口往往是不对称的,这与实物期权理论相一致。艾伦和潘特扎里斯(Allen & Pantzalis,1996)的研究表明,股票市场重视跨国公司的国际业务的广度,这一发现有力地支持了实物期权理论中有关转换期权的观点。鲁尔和佟(Reuer & Tong,2005)指出了在跨国投资的运作柔性在减少风险方面的收益，发现跨国公司可以从地理位置分散的分支机构中受益的程度，会受到那些增加协调和转换成本的组织因素的影响。

科佳的贡献还涉及企业战略领域的治理问题和组织选择问题。他提供了第一个理论论据和经验证据，即合资企业（JVs）为企业提供了实物期权，使得企业可以有计划、有步骤地扩展到新的和不确定的市场。通过投资合资企业，企业能够将其下行损失限制在最初的、有限的承诺上，同时定位于扩张，但前提是未来发展是有利的。根据这一理论，他发现，当市场需求扩大时，企业将通过收购其合资企业的合伙人来进行扩张，但当市场需求萎缩时，该公司继续持有对合资企业的投资。

随后，大量的理论和实证研究开始关注企业对特定治理模式和相关治理设计问题的选择。首先，在使用正式模型时，凯（Chi，2000）研究了收购或出售合资企业的选择对合作伙伴提供了积极的经济价值的情况，调查了公司可能持有期权的条件，并分析了治理结构问题，如股权分配的合作伙伴。鲁尔和佟（2007）研究了各种类型的联合投资中嵌入的实物期权，他们的发现表明，联合投资会提高企业所持有的增长期权的价值，但只有在一些明确的条件下。其次，弗尔塔（Folta，1998）研究了企业通过提供延期期权和连续承诺来进行联合投资与收购的决定，发现公司更有可能在面临高水平的并购不确定性时进行联合投资。弗尔塔和米勒（Folta & Miller，2002）在科佳（1991）研究的基础上，重点关注期权的行使决策，但他们的研究关注联合投资中持股较少的一方。迪克西特和平狄克（1994）研究了企业的市场进入决定，并提出了与实物期权理论相一致的结论。总的来说，这些经验证据将实物期权理论扩展到了市场进入和组织治理领域，补充了现有理论。这些研究结论表明，企业的市场进入模式取决于不同的市场属性及其内嵌的期权，企业会以不同的方式对不确定性作出反应，形成了差异化的战略投资组合。

鲍曼和哈里（Bowman & Hurry，1987）致力于努力发展一种基于期权理论的战略管理视角。鲍曼和哈里（1993）建议将期权作为一种启发式策略，用于理解不确定性下的顺序资源承诺，其理论发展的核心是"期权为增量资源投资过程提供了经济逻辑"。哈里、米勒和鲍曼（Hurry，Miller & Bowman，1992）发现日本的风险投资者倾向于进行小规模的个人投资，但他们却会为了捕捉未来的各种机会投资多个项目，这与寻求新技术的期权战略相一致。迈克格拉斯（McGrath，1997）提出了技术期权的实物期权逻辑，建议企业可以通过增加项目前投资来影响不确定性；在随后的一篇论文中，她提出了一个概念，即创业计划可以被看作实物期权，并建议使用实物期权逻辑来管理创业过程。与这些研究的一些领域平行，科佳和库拉提拉卡（2003）整合了关于实物期权和企业能力的文献，认为实物期权理论提供了一个启发式框架，将企业的能力看作发展平台来应对未来不确定的机会。

企业战略领域的研究者向来对于企业的战略行动决策充满了兴趣（Rumelt，Schendel & Teece，1994），与经济中的实物期权研究相比，企业战略领域的研究者更加关注围绕期权实现而衍生出的一系列问题。虽然理论上实物期权理论可以被用来评估没有公开交易的资源和战略投资，但战略研究人员一直认为，围绕实际期权在组织中的估值和实施（例如，创建、维护和行使）存在诸多问题，其中最具代表性的是"领域转换"。事实上，这一基本思想为在该领域的初步贡献中找到了根基，并贯穿于战略领域中的实物期权研究的整个流程。例如，科佳（1985）指出，企业的管理者可能很难认清企业投资中内嵌的期权价值，这一观点也由鲍曼和哈里（Bowman & Hurry，1993）的研究所证实。然而，企业能够认识到投资中内嵌的期权并不意味着它有支持期权实施的管理和组织系统，管理人员可能会使用错误的信息来评估实物期权，或者由于缺少合适的代理而无法正确地评估它们。管理和组织因素可能会进一步改变期权的维护和决策，管理者可能会因为激励问题而倾向于承诺的升级，而不是遵循最佳的策略，他们可能会因为有限理性而难以监测期权的执行过程（Coff & Laverty，2001；Adner & Levinthal，2004）。

2.4.3　实物期权理论相关研究评述

实物期权理论提供了一套来评估和处理贯穿战略决策的不确定性的分析工具和启发式方法。事实上，鲁梅尔特、申德尔和蒂斯（Rumelt，Schendel & Teece，1994）已经确定了不确定性是促使研究从新古典企业理论中分离出来的关键因素。鉴于不确定性在战略决策中的重要作用，可以从以下三方面来理解实物期权理论对于战略管理的重要性。

第一，实物期权理论要求研究重新审视现有的投资分析技术，并且对企业在不确定性下的多种战略选择作出决定提供了独特的预测。参考下面的三个示例。首先，实物期权观挑战了传统的合资企业的观点，即长寿和稳定是成功的关键指标。根据实物期权理论，企业可以在合资企业的终止阶段进行价值变现，而合资企业则是专门被设计用来充当过度投资的产物。其次，作为第二个例证，跨国直接投资长期以来被认为是解决与市场交换技术或其他资产相关的大量交易费用的办法。相比之下，实物期权理论反而强调投资的动态效率收益、风险的逐步降低以及企业有能力通过跨境转移价值链活动来应对不同的不确定性，从而随着时间的推移把握住最好的投资时间点。最后，在更广泛的层面上，实物期权理论为资源投资提供了新的规则，并将企业的投资门槛从 NPV0 标准中解放出来。虽然在其他地方已经说明了各种实物期权的门槛效应的细节，实际期权分析提供的洞察力可以概括如下：如果项目的增长期权具有足够价值，企业可以使用较低的投资门槛决定投资，即使是 NPV 为负值；相比之下，如果项目的延期期权具有足够的价值，并且在当前期间投资的相关机会成本很大，则公司可以使用高投资门槛，并决定不投资，即使 NPV 是正数。

第二，实物期权理论独特地假定了投资与嵌入期权的非对称收益结构，使企业能够在获取更多机会的同时承担更低的风险。绩效结果的不对称来源于期权创造的决定权，即只有在有利的情况下才选择未来结果的权利。与其他理论相比，实物期权理论认为，不确定性的程度越大，对期权持有者的潜在回报就越高，因为最初的投资有限，损失也是有限的。实物期权理论强调的另一个关键方面是在不确定性下保持灵活性具有期权价值，而灵活性的价值在许多投资价值中都占据了相当的比重。理论和实证结果表明，这种期权价值在不同企业和行业之间差异很大，对战略管理的重要性在于异质性的来源，以及期权价值如何影响企业的战略选择和资源分配政策。

第三，实物期权理论通过对战略决策的揭示，为企业的资源配置过程提出了新启示。战略规划长期以来一直存在着诸如后续机会、增量资源承诺、信息和不确定性的后续管理等问题，这些都是企业战略的核心。然而，传统的战略规划模型缺乏金融学中所描述的关于投资模式的严格决策准则。实物期权理论可以帮助改进战略决策，方法是将金融市场的准则引入定性的战略规划工具中，并将战略现实纳入传统的资本预算模式而不明确规定灵活性和管理酌处权的价值。虽然有效地完善有关资源配置的实物期权分析需要克服来自组织的和其他方面的挑战，但实物期权理论依然包含了将战略分析和财务分析整合进企业战略的可能性。

2.5　关系回应行为与关系文化的文献综述

2.5.1　EVLN 整体范式的相关研究综述

关于关系回应行为的开创性研究成果是 1970 年赫希曼（Hirschman）提出的退出、呼吁和忠诚（EVL）框架。赫希曼认为，在人与组织之间的关系中，人们在回应组织的"失误"时有三种选择：他们可以退出关系，他们可以呼吁，或者他们会什么也不做并且保持忠诚。退出是指人们停止购买企业的产品，或离开组织；呼吁表示积极地与合作伙伴沟通，以弥补问题；忠诚表示人们在沉默中忍受，相信事情会变得更好。当关系质量下降时，消费者会退出一个供应商并寻找一个更好的替代者。不满的公民或组织成员或许不退出国家或组织，而是使用"呼吁"行为来对当权者阐明自己的利益诉求。因此，传统上，退出和呼吁被视为一种手段，使任性的企业和组织意识到自己的失误，并可以开始挽救合作关系。赫希曼认为，在商业关系中，退出并非是最佳的选择，在许多情况下，顾客从呼吁行为中获得的收益要高于退出。赫希曼（1987）讨论了 EVL 框架在工会、公共服务、空间流动、政治行动、政党、婚姻、青春期关系、市场和官僚制度等多个方面的应用，并渗透到了历史学（Hirschman，1993）、社会心理学（Rusbult，Zembrodt & Gunn，1982）和政治学（Taylor，1992）等多个研究领域。

鲁斯布尔特、泽姆布罗特和冈恩（Rusbult，Zembrodt & Gunn，1982）根据赫希曼（1970）的开创性工作提出了 EVLN 模型，用矩阵图的形式来划分人们的关系反应行为。其中，垂直轴区分了试图维护关系的建设性反应，以及那些旨在结束它的破坏性反应，水平轴区分了显著的主动反应行为和含蓄的被动反应行为。

平（Ping，1993）将鲁斯布尔特、泽姆布罗特和冈恩（1982）的 EVLN 模型引入了渠道关系研究。平（1993）认为，即使是最好的渠道关系也可能会遇到偶尔的问题，渠道成员可以以四种主要方式对这些关系问题作出反应：退出结束关系；积极、建设性地表达和讨论自己的问题，力求改善条件；忠诚——保持沉默，相信有问题的关系状况会通过"给予一些时间"而变得更好；忽视——被动地允许关系恶化，"让事情分崩离析"（Hirschman，1970；Ping，1993；Rusbult，Zembrodt & Gunn，1982）。这些响应策略在建设性与破坏性的维度和主动与被动之间是不同的。呼吁和忠诚是建设性的反应，通常是为了维持或恢复目前的关系。对于当前关系的未来，退出和忽视往往具有破坏性。在第二维度上，退出和呼吁是渠道成员试图处理有问题的事件和做一些关于关系的活跃机制，而忠诚和忽视则更被动和分散（Rusbult，Zembrodt & Gunn，1988）。

希巴德、库玛和斯特恩（Hibbard，Kumar & Stern）在 2001 年扩充了平

（1993）的理论研究，从广义的层面上来理解关系退出操作化，进而把忽视等反应行为统一展现出来。呼吁行为被系统地分为两种类型："抱怨发泄"也就是发生问题的时候，一方因为不满另一方而做出消极态度；"建设性意见"也就是双方都努力想要最大效率地解决好问题。

国内很多研究学者也作出了很多突出贡献，例如贺和平在2005年全面性地对不同途径中的成员之间关系问题、反应行动开展研究总结。他在研究中指出，国内具有6种反应行为：消极对抗、躲避退却、忍让忍受、抱怨发泄、无奈接受、积极探讨，这6种类型可以说是国内最详细的描述。消极对抗的内涵为：渠道成员在处理关系时不能够积极应对，十分冷漠、不配合。贺和平（2005）不仅首次在中国营销渠道的基础上全面研究了EVL的模式，而且总结了国内目前企业反应行为与众不同，但他却没有针对影响反应行为的原因和导致的结果进行详细分析研究。

尽管各个领域的研究人员都对EVL整体模式开展了研究工作，而且都略有作为，然而在具体的营销渠道，EVL整体模式的针对性研究还是很少，大多数都聚集在学者平（1990）的研究上。所以在B2B的研究层面，营销学者还需要继续整合，进一步对EVL整体范式开展研究工作。国内外研究相比较，可以看出在很多方面都十分相似，除了某些较特殊的反应行为表现。在之后的探讨中，学者们使用的都是各个类型的反应行为，但究其根本还是以EVLN范式为模板。

2.5.2 呼吁行为的相关研究综述

赫希曼（1970）将呼吁定义为任何试图改变，而不是逃避恶性事态的行动。呼吁行为表示企业不愿意拖延等待，试图通过建言来解决问题。这种反应是有建设性的，因为它专注于寻找解决方案，这样做有助于维护企业间关系。通过呼吁，企业能够为合作伙伴提供必要的指示，以纠正导致企业间关系恶化的问题。正如特拉维克和斯旺（Trawick & Swan, 1981）在他们的开创性工作中指出的那样，呼吁的目的实际上是把商业体验从不满意转变为满意。
此外，企业并不总是满足于与合作伙伴进行沟通。在某些情况下，它可以通
过共同行动、携手合作，参与解决方案的研究。鲁斯布尔特、约翰逊和莫罗
（Rusbult，Johnson & Morrow，1986）拓展了赫希曼（1970）最初的呼吁概念，
将呼吁行为界定为提醒合作伙伴的冒犯行为，但增加了妥协和解决关系问题
的概念。他们关于呼吁行为的测量包括旨在改善关系的建设性行动，除了提
醒冒犯的伙伴，例如与他们合作改善不良的关系状态；它更充分地解释了赫
希曼提出的"企图改变一个令人反感的事态"的含义。另外，鲁斯布尔特、
约翰逊和莫罗（1986）提出的呼吁概念排除了其他更加消极的行为（不是旨
在维护关系的行为），例如单纯的抱怨或消极口碑。莫里尔和托马斯（Morrill
& Thomas，1992）则以更消极的方式看待呼吁：受到冒犯的一方对合作伙伴
冒犯行为的直接、激进的批评。

在学科不同的前提下，呼吁行为被多方学者所研究。例如在人际交流中，
鲁斯布尔特等学者在 1982 年提出了很多与之相关的文献。又如在雇佣关系
里，丹（Dan）为该领域的领头人物。比斯等（Bies et al.，1988）指出，大
力使用呼吁可以促进公平的感知。斯宾塞（Spencer，1986）提出高呼吁可留
住更多人才。在营销的学科中，平作为领头人物，在 1993 年指出，呼吁的内
涵为：不同渠道之间的成员主动建设和其他伙伴的关系，从而更好地解决关
系中存在的问题。贺和平（2005）研究说明：国内社会讲究人伦道德，社会
和谐，渠道成员大多消极抵制、迂回忍让。如果是让成员们开展建设性的探
讨，能够在很大程度上避免渠道关系面临结束。综上可得：呼吁在推动渠道
关系发展中占据着举足轻重的地位。张闯等学者在 2014 年针对渠道成员中的
呼吁行为开展了大量研究，指出使成员感知公平、长时间指导可以推动渠道
成员的呼吁行动。

呼吁行为体现了企业迫切希望解决问题，而不是袖手旁观。这种主动态
度致力于提出建设性的建议，有助于维护双方的合作关系。通过这样的行为，

企业为其合作伙伴指明了解决关系恶化的方向。正如特拉维克和斯旺（Trawick & Swan，1981）在其研究中所述，呼吁的核心目标是将不愉快的商业经历转变为愉快的体验。此外，企业并不总是满足于与合作伙伴进行沟通；在某些情况下，它可以通过共同行动，携手合作，参与解决方案的研究。因此，呼吁具有显著的积极行为，特别是基于呼吁的战略要求在买家和供应商之间的高度行政协调，会促进合作伙伴之间形成强有力的相互承诺（Helper，1991）。如菲奥（Feuille）等学者在1992年的研究证实了这一观点。但是总的来说，很多学者还是支持提倡呼吁，从而提高双方的满意程度，推动彼此合作，最终进一步提高市场份额、扩大市场规模、减少投资的人力物力成本。

2.5.3　退出行为的相关研究综述

从20世纪80年代开始，有关渠道成员、顾客以及供应商多者之间的交易关系被学术界越来越多的学者重视，它们的长期关系是交易关系的研究热点，它们的关系模型在多种学科领域的研究中均有出现过。曼尼斯、菲克曼和普莱特（Manis，Fichman & Platt，1978）的神经生物学的研究证实了当个人面临的个人或职业关系产生了高水平的压力，这种逃避的想法是无法抑制的。平（1993）正式提出了关系退出的具体概念，把它概括为实体退出和退出倾向。其中，实体退出表现为实际退出合作关系，具体表现在解散与渠道成员签订的合同、对专项投资进行更改以及与替代者签订合同等多种行为；而退出倾向的概念往往是强调未来一段时间内具有退出合作关系的可能。实体退出和退出倾向之间的概念有区别，但是二者往往有着密切的联系。实证研究因为可操作性等原因，通常注重退出倾向这一方面（Yang，Sivadas，Kang，et al.；Kang，Oh & Sivadas，2012）。对于不同的研究学科，如经济学、社会心理学等而言，关系退出对它们的研究有着重要的参考价值。

退出本质上是一种回避和逃避策略，往往导致关系的终止。赫希曼在1970年提出的"退出、呼吁和忠诚（EVL）"框架为我们理解"退出"作为客户反馈手段提供了理论支撑。他提到，传统观念认为，当消费者对关系的质量不满意时，他们会选择离开当前的供应商，转而寻找更佳的选择。而在公民或组织内部，不满意的成员不是简单地离开，而是通过"呼吁"来明确向上层表达他们的诉求。因此，"退出"和"呼吁"被看作是一种警示手段，促使公司或组织反思自己的行为并修复关系。赫希曼进一步指出，在商业环境中，"呼吁"往往比"退出"更有利，因为从"呼吁"中获得的收益通常高于"退出"。尽管赫希曼的主要研究重点是"呼吁"的作用，但他的观点也为我们对"退出"行为提供了深入的见解。

在经济学范畴里，赫希曼（1970）阐明 EVL 模型中的关系退出对于经济领域的研究分析来说是一个突破口，同时，这个模型使得众多的学者纷纷加入对其的研究行列中。斯特恩和雷韦（Stern & Reve，1980）在发表了自己对于营销渠道方面的有关政治经济框架以后，发现了满意和关系退出具有某些内在关联。

在营销学的行业中，营销渠道的角度非常具有参考价值的当属对公司之间的关系退出的研究分析。除此之外，平在 1992 年以后 7 年里对国外权威性比较高的期刊进行了不间断的五篇论文的阐述，其受到社会各界的广泛关注。从其他方面看，凯瓦尼（Keaveney，1995）首先探究了关系退出在以往的服务营销过程中的应用，科尔盖特和斯图尔特（Colgate & Stewart，1998）对此总结了含有四个要素的消费者退出模型，具体包括降低质量、能够找到替代品、不易退出、可替性行为等。

渠道学者基本上都认为渠道生命周期理论较为权威，也就是说渠道关系分为认知、发展以及解体三个阶段，并且具体介绍了各个阶段的基本特征。但是，许多文献表明，其基本均以交易关系的形成与发展为中心，缺乏对文献中关系退出的分析，而且各个领域的学者由于此领域的不完备使得对关系退出的影响因素产生了很多的研究。比如，塔蒂南（Tahtinen）最主要是把目前的关系退出有关的文献进行归纳，具体有两个方面的研究，即以相互之间的作用以及具体的网络方法为研究角度的商业营销关系方面等。虽然说各个视角的研究存在术语等方面的差异，但是文献基本都从两个方面入手进行研究，具体是研究分析关系退出的原因以及介绍关系退出的发展过程。但是，通过以往的经验，很多关系退出的原因仅仅局限在理论方面，并没有深入具体实践中去，并且基本没有详细地介绍关系退出过程，所以在这一方面缺乏总结的文献。

在商业营销方面，塔蒂南和哈利宁（Tahtinen & Halinen，2002）将关系退出的原因总结为三种。预先倾向性因素大多数情况下代表了任务的本质属性，和任务的双边关系等存在很大联系。加快事件因素代表了能够左右双边目前存在的关系，或者说是可以使双方产生终止关系行为的因素，加速事件能够使双边关系发生结构上的变动，并且能够使关系终止提前。缓解因素代表了那些能够使双边的矛盾得到化解，结束这种破坏性的行为，使双方能够和好如初，它可以作用于上述两方面因素。

在消费者营销视角中，鲁斯（Roos，1999）发现关系退出的三类影响因素，分别是推动性决定因素、拉动性决定因素、摇摆性因素。推动性决定因素表示能够使目前的关系退出改变的因素，具体包括价格变动等；拉动性决定因素代表了目前关系结束以后，能够推动双方回复以往关系的因素，具体有转换成本等；摇摆性因素表示能够使关系退出的决定过程得到推迟的无法预知因素。在介绍关系退出过程时，鲁斯从四个方面的框架介绍了关系退出过程。霍克特（Hocutt，1998）发表了一个更加系统合理的关系退出模型。这个模型包括了替代者等关系对象之间的很多变量，而且详细介绍了关系退出的后果，比如情绪性回应等方面。

在渠道关系方面，最典型的是平（1992）全面地提出了 EVL，其检验出了退出等行为均能够体现在渠道关系过程中，但是之后的探究发现了平的研究缺陷，即他未通过具体实践检验这个模型，仅仅重视了关系退出倾向的早期因素变量的分析，比如对满意等限制性因素的研究。在将广告业的关系退出信息作为思路的经验方面，基本所有的研究都参考了以往的研究经验，它们不仅缺乏权威的理论，而且缺乏此学科的具体背景。

在相关的研究中，各个学者的研究成果存在很大差异，但同时使得关系退出有了更多的研究思路。比如，哈维拉和威尔金森（Havila & Wilkinson，1997）认为"关系能量"能够体现在交易关系中，并且这个能量是恒定不变的，其在买卖双方关系的开始和结束都不会变化，它储存在其中，在后续双方的合作中被利用。但是从这个研究来看，后续学者在各个国家的研究过程中产生了很多全新的研究方向，比如普莱西和邱璇（Pressey & Xuan Qiu，2007）在了解中国的研究过程中，对渠道成员之间的关系退出有了新的研究思路，其研究找到了能够使双方多次合作的内在"关系"。国内的学者贺和平（2005）在对本土化渠道反应行为进行研究分析过后，其结果和一些国外研究结果存在差异，他认为在重视人际和谐等的中国社会下，渠道成员通常都是被动忍让的行为居多。在关系型退出的各个类型中，塔蒂南和哈利宁（2002）的分类结果是双边关系退出、单边主导被动退出、自然退出三种。其中，双边关系退出表示合作双方都无法从对方获得利益，所以提出关系退出；单边主导被动退出表示的是双方由于各种因素的作用产生的非意愿性退出；自然退出表示的是在交易关系终止后，双方关系的疏远。

2.5.4　忠诚和忽略行为的相关研究综述

当前学术界对于忠诚的定义仍然存在着争论，存在着两种相反的理解。赫希曼将忠诚行为描述成个体为"对一个组织的特殊依恋"，表示企业更倾向于促进呼吁而非退出。他认为，忠诚是建立在以下两个条件的基础上：一是认为事情有很大的概率会发生转机或通过其他人的努力重新回到正轨的信念；二是认为未来的合作机会的价值高于关系带来的不确定性的判断。因此，一些研究把忠诚的行为界定为保持沉默，对事情会变得更好充满信心（Rusbult & Farrell，1983；Ping，1993）。部分营销学者认为，赫希曼提出的忠诚行为的概念更接近于消费者营销中品牌忠诚的概念，可以采用关系承诺的题项来测量忠诚行为（Rusbult et al. , 1988）。更多的学者认为，忠诚构成了一种特定的反应形式（Rusbult, Zembrodt & Gunn, 1982），这一观点在最近的研究中占主导地位。但是这一观点存在矛盾之处，即忠诚的特点是缺乏反应。忠诚的客户是警惕的，但往往保持沉默。它等待合作伙伴为导致企业间关系恶化的问题带来解决方案。忠诚行为是建设性的，因为企业确信它的合作伙伴将解决这个问题。它的态度，无论是消极还是积极的，都体现了企业维护商业关系的意愿。

平（1993）认为，一个企业可以通过情感上的退出关系来对关系问题作出反应，那就是忽略它（即允许关系恶化）作为退出的替代。忽视是一种破坏性的反应，因为它导致合作伙伴采用它来摆脱企业间关系。忽视同样也是一种被动的行为，表示行动者逐渐停止关注企业间关系，任由关系不断恶化下去。拉斯布特、泽姆布罗特和冈恩（Rusbult, Zembrodt & Gunn, 1982）将恋爱关系中的忽视定义为一种疏忽行为，如缺乏关怀和远离。拉斯布特和法瑞尔（Rusbult & Farrell, 1983）将员工的忽视定义为一种松懈和轻视的行为，包括迟到和旷工。平（1993）对企业的忽视行为进行了描述，其特点是没有人情味，勉强甚至不情愿与合作伙伴交流。他认为，企业的忽视行为涉及减少与合作伙伴的联系和社会交往（但不一定减少与他们的经济交流），例如，用邮寄采购单取代电话订购，并将与合作伙伴联系的工作委托给较低等级的员工。

2.5.5 关系文化相关研究综述

关系文化，从某种意义上说，表示人们在对待各种关系等的过程中需要履行的一些具有权威性的法律法规，能够归纳为进行各种关系活动所产生的全部思想以及维持一些关系的中间媒介。关系文化是中国社会发展过程中文化发展的关键成分，其除了能够表现出普通的关系文化的主要特点以外，还能够体现出中国文化与其他国家文化的差异。黄光国（Hwang，1988）认为，"人情"和"面子"在中国的社会发展中使"关系"更具有主导地位，是中国人的人际交往媒介和维系人际关系的重要手段。"人情"和"面子"深刻地影响着关系的传递、维持与发展（董雅丽，2006）。

（1）人情。人情是关系的核心维度之一（Hwang，1987）。黄光国（1987）通过自身对人情的研究分析经验发现，在一般状况下，人情具有以下三点特征：其一，人情表示了个人在各种差异性的生活状况下所出现的一些情绪反应；其二，人情表示人们在社会沟通交流过程中，能够给予对方的一些物质等的资源条件；其三，人情表示在中国的社会发展过程中必须要符合中国社会的规范。在黄光国的一般性的研究分析活动中，人情的身份是社会规范，其具体包括两种社会行为：其一，在普通的社会交往中，人们应该以交换各种人情为基础保持人际关系的稳定；其二，在各个关系网当中，如果有人遭遇生病、受伤、家人故去等不幸，应该寻找合适的机会为其提供报酬。基普尼斯（Kipnis，1995）认为，还人情必须要加倍回报对方，从而使人情能够循环起来；梁和汪（Leung & Wong，2001）表示，人情能够体现出儒家文化中的互惠主义；王（Wang，2007）表示，人情能够被认为是同情心和互惠。根据人情的同情心角度来看，人情能够使交易双方更加为对方考虑，也就是说相互理解交易双方的境地，有同情心的渠道成员可以理解交易伙伴在各种情境下的不同情绪，然后做到按照其情绪表现自己的行为。

虽然在 B2B 文献资料中，人情有很多的影响，但是实际上人情的研究却很少。一些研究认为，人情的输入和输出在关系中具有媒介的功能，这一研究的结果认为，一旦合作伙伴之间的人情中断，那么合作双方不会有很多的关系输出，也不能够使关系承诺发挥作用。王、萧和巴恩斯（Wang，Siu & Barnes，2008）在自身对人情的研究中证实，人情在双方的信任以及合作过程中具有媒介的功能，这表示在企业关系过程中，一旦缺少了人情，那么信任就不会出现在企业的合作过程中，也不会有重要的影响。另外，还有研究表明，人情能够提升关系绩效；人情可以提高契约的正规性，并提升相应的关系绩效。但目前来看，没有学者对人情与关系反应行为之间进行探究。

（2）面子。在我国传统观念中，面子和人情相类似地对于国人行为产生了很重要的影响，正如林语堂曾经提出的那样，面子是抽象且无形的，所以面子是不能被定义的，它是一种难以捉摸但却往往影响巨大的行为规范。何友晖（2006）通过从"面子不是什么"的方面对于面子和其他社会行为标准的异同进行了深入的探究。研究中指出面子是综合包括个人地位、个人声誉、行为准则等多种个体形象有关的社会学概念。面子具体表现在他人对个体流露出的尊重、顺从等态度，这种态度主要取决于个体在社交网络中所处的位置，进而影响他人在个体所处位置上产生的行为判断，并产生相应的与行为判断有关的评价。由此可见，面子能够很好反映出他人的行为判读标准和个体的行为表现之间的一致性，反过来面子也是它们一致性的产物。

面子在行为方面产生的作用其基本机制体现为，个体在心理方面上出现的一些认知反应，也就是说评估自己的面子能不能得到满足，评估满意结果是否会出现情绪生理反应，以及情绪反应下的心理上的表达等，最后会直接体现在相应的行为方面。戈夫曼（Goffman，1955）第一次对面子进行了总结，与此同时，还总结了"面子功夫"的含义，并把面子功夫具体划分为了回避和修正两个过程。回避过程具体含有对自我以及其他人面子的维护；修正过程表示丢面子后，具体的弥补行为方式。丁允珠和黑木（Ting-toomey & Ku-rogi，1998）研究了各种面子的类型，具体发表了面子的磋商理论，其表示在日常社会沟通和人际交往中，如果出现被攻击等现象，需要采取行为以弥补丢掉的面子。

2.6　企业网络化成长的文献综述

企业成长一直是管理学和经济学所争论的焦点，由此形成企业成长理论的"丛林现象"（Ardishvili，Cardozo，Harmon et al.，1998）。无论是古典经济学基于资源基础观的企业内生式成长逻辑（Penrose，1959），还是新古典经济学以"并购""多元化"为核心的外生式成长模式仍然视企业为"原子式"的成长过程。无论是依赖于资源、要素和人力等投入所建构的规模经济形态，还是技术创新、知识共享等对资源使用效率的优化，价值链条的拓展、利益相关者维护等所形成的范围经济等都是遵循着"投入—交换—产出"传统的价值交换逻辑。然而全球化和技术创新催生了"新竞争"格局，虚拟组织、柔性化管理等对于企业管理的灵活性以及弹性起到了推动促进的作用。企业可以充分运用企业间存在的各种网络关系，在全球化的商业环境中找到立足成长的发展策略以及经营方式，形成了"网络—资源—成长"的企业成长模式。为此，企业网络化成长成为了经济学和管理学理论探讨的热点，尽管企业网络化研究的范式仍存在理论争议，但是针对企业网络化成长的研究正处于令人兴奋的发展起点（Parkhe et al.，2006）。

2.6.1 网络化成长研究的五种视角

（1）动机视角。从动机视角对网络成员进行研究的做法主要侧重两个关键问题：网络成员企业加入该网络或者商业团体的动机；网络成员企业对于网络关系以及对于其他网络成员企业的交互将会采取的策略或做法。通常会在成本因素、内部因素以及外部影响的基础上，对网络进行动机视角的相关研究。

交易成本经济学领域的研究者们普遍认为，企业加入网络的根本动机是为了削减企业的交易成本。关系网络作为一种非正式的制度安排，其独特的关系治理机制能够约束成员企业的行为，减少企业对于合作伙伴机会主义行为的监督成本。关系网络内部成员间建立的稳定合作关系以及在长期交易中形成的合作惯例，能够减少企业对于交易伙伴的搜寻成本、筛选成本和谈判成本。

RBV 理论认为，关系网络可以充当企业的资源获取通道，企业加入关系网络的根本动机是为了获得稀缺资源。稀缺资源是企业竞争优势的基石，企业通过嵌入特定的关系网络，能够在长期的交易中获得合作伙伴的优质资源，特别是知识、经验等无形资源，促进企业的发展。与此同时，网络内部的成员企业在长期的分工与协作中，其内部资源会逐渐渗出企业边界并在网络内部形成独特的"网络资源池"，构成新的稀缺资源，给网络成员企业带来独特的系统性竞争优势。

企业网络化成长动机另一个分支是社会资本理论。社会资本理论的代表学者包括布尔迪厄（Bourdieu, 1986）、伯特（Burt, 1997）、科尔曼（Coleman, 1988）、林南（Lin, 1999）和波特斯（Portes, 1998）。具体来说，社会资本理论解释了组织获取和使用嵌入在社会网络中的资源实现超额回报。基于这一理论，组织参与交互和网络的动机是为了提高产出。

此外，制度视角的研究也可以用来解释企业作出战略选择的动机。制度理论的研究者们认为，组织的行为是由社会合法性（社会制度）驱使的（Scott, 1987）。从这个角度看，战略决策一定是社会化的和普遍认可的，因为企业网络化成长的动机来自行动者对于合法的合作活动的偏好。

（2）关系视角。很早就有从关系视角对网络进行研究的做法，一直以来也有很多这一领域内的学者运用这种做法进行研究。通常关系视角研究的侧重面在于网络成员关系的各个方面与某些其他因素间的相互影响，比如战略选择以及知识创造等相互影响。本书对社会学领域内运用关系视角方法研究的文献进行了归纳总结，它们往往是对于多个网络成员关系的本质进行探究的。一般来说，在对社会行动者进行研究时首先会对他们进行不同方面的分类，比如从强弱、工具、情感等关系来对社会行动者进行分类。有学者总结，在长期过程中对网络成员的强关系进行维持、推动企业的互信等手段能够促进共同利益的发展。此外，以上手段还能够推动相关制度的形成。

（3）结构视角。结构视角的研究关注网络的整体结构和结构性因素与其他因素间的相互作用，相互作用可以是知识创造以及知识转移等多种企业成员间的行为。从总体概括来说，通常把纵向网络、横向网络以及混合网络等网络描述成为网络结构。与网络结构相关的构成因素涉及网络密度、网络规模、网络组成以及连锁董事等多方面。

（4）演化视角。演化视角关注网络的变化如何以及为什么能够影响企业的战略选择、行业活动和制度因素（即改变社会规范、法律或法规），和/或被这些因素影响。例如，网络规模、网络密度与网络位置发生的改变以及有关合资企业网络形成如何影响网络成员间的关系？此外，现有研究还聚焦于现有的和潜在的网络成员之间的关系发展阶段。

具体来说，大多数基于演化视角的研究关注网络形成和网络解体。从网络形成的角度来看，组织间关系的构建是基于社会交换理论/社会资本理论和结构理论。

此外，组织学者从社会理论（除了社会交换理论）的角度研究网络演化，在某种程度上与动机视角的研究相重叠。然而，演化论者更关注网络构建的阶段和过程。例如，政治和经济力量的变化会影响渠道结构和企业在社会网络建构方面的决策（Dahab，Gentry & Sohi，1996）。资源依赖理论认为，组织间关系的形成，如战略联网，是潜在的资源依赖的结果（Pfeffer & Nowak，1976）。

（5）互动视角。互动视角关注的企业网络成员间互动的类型、条件和后果（Bello，Katsikeas & Robson，2010）。因此，信息交流、知识转移、组织学习、正式和非正式交换以及互惠都是互动视角下的重要研究主题。这一理论视角可以追溯到 20 世纪 70 年代。一般来说，早期研究仅仅关注在交换网络主体间的交换互动。学者们认为，权力、交换行为和环境力量能够在很大程度上影响和促进企业间的交互。本森（Bensen，1975）提出，资源集中、网络权力依赖，资源丰富，环境控制机制是企业建立网络和制定互动战略决策的基本维度。库克（Cook，1977）借交换模型对组织间关系进行了分析，并将组织间的关联定义为交换互动的网络。组织的活动被视为交换网络关系的网络。为了发展他的交换模型，库克提出建筑企业间的关系建构（如联网的形成）与网络中的权力和地位相关。

2.6.2 网络化成长研究评述

第一，跨层次网络关系分析单元逐步得到重视。先前针对企业网络化成长的主流研究成果在分析层次上或是聚焦于微观的二元关系，或是聚焦于宏观的整体网络。然而，近年来，网络化成长领域的研究者们逐渐发现，基于二元关系的研究所得出的结论对于企业在网络环境下的战略行动缺乏解释力，而基于整体网络的研究则由于研究方法的局限性，无法准确地刻画成员企业的互动与网络演化的动态过程，由二元关系与整体网络两个分支构成的"两极化"研究格局存在诸多问题。因此，研究者开始关注从二元关系到整体网络之间的过渡单元的研究，三方关系则是过渡单元的代表，企业在三方关系中的决策与行为规律能够更好地解释企业在网络环境下的战略行动，所取得的研究结论也更具普适性和推广性，越来越受到研究者的关注与青睐。

第二，研究视角从静态走向动态。企业网络化成长不是预先设定的，而是行动者互动过程中演化而成的。且这一个过程受网络外生与内生变量、嵌入不同层面的网络结构要素、行动者自身属性与动机等相互作用的影响，因此跨层面多行动者的大时间跨度动态分析尤为重要。

第三，结构嵌入与关系嵌入的不均衡发展。结构嵌入与关系嵌入都是研究企业网络化成长的重要理论视角，只是前者强调网络整体的关系布局，后者强调企业间关系的状态与内容。但是，近年来，由于社会网络分析技术的发展与成熟，基于结构嵌入的研究大量涌现，取得了一系列成果，逐渐成为研究的主流。然而，结构嵌入流派的研究方法却存在着局限，社会网络分析将动态、复杂、立体的关系网络刻画成为平面、静态的二元拓扑图形，在提供了研究便利性的同时也忽视了关系网络本身丰富的内涵与价值。因此，今后的研究应当更多地关注关系嵌入，对于企业间关系本质的探讨与分析方能获得更为深刻的理论。

　　第四，过度强调网络化正效应。现有研究多基于 SCP 模式关注企业网络化正效应，众多学者从"知识共享""技术创新""资源互补""能力提升"等视角分析了企业网络化成长对绩效等方面的影响。然而如果企业网络化成长一帆风顺、作用突出的话，那么就无法解释中国 95% 的企业只存在 5 年的事实。企业网络中的关系嵌入存在现实风险而导致较高的不稳定率，并有半数以失败而告终。网络中过度紧密的关系会形成网络群体思维，表现出对外部新事物的排斥，或形成关系惯例，积累了较高的沉没成本，对环境变化与机遇无动于衷。同时网络嵌入依赖界面规则，而信任和组织承诺成为最基本的协调机制。在受到关系文化深刻影响的中国企业之间，这种界面规则往往基于"情、利、义"的权衡。在有限理性和利己动机的驱动下，企业更容易在网络化成长中具有机会主义倾向或采取"搭便车"行为从而破坏了界面规则，形成网络化的负效应。同时，在中国本土情境下，企业更重视封闭网络中强关系的社会交换关系对市场交易关系的影响，形成了"结构洞悖论"。使得基于格拉诺维特（Grannovette，1973）的弱关系和伯特的结构洞假说的网络化成长模式更容易在中国水土不服。

第3章　关系冲突风险感知

稳定的关系网络是企业实现网络化成长的基础，构建优质的关系资本成为企业实现合作分工、优势互补、风险共担、租金分享的有效路径选择。但是，现实中大量网络失败和解体的案例表明（Dyer，Kale & Singh，2001），企业投入大量资源构建维护的关系网络注定是一种间断式的动态均衡，在其发展演化的过程中存在着"网络的脆弱性之谜"。复杂动态的外部环境、网络本身的开放性以及网络成员间的个体差异、机会主义倾向和竞争行为，决定了关系网络是一个内部存在着诸多不确定性和冲突诱因的"冲突集"，而关系网络的"自稳性"决定了网络内部天然存在着关系冲突的扩散路径。当局部的关系冲突积蓄的能量冲破网络约束机制，会迅速由点向链、链向群扩散并最终在群体失衡下导致相变（卫海英，李清，杨德锋，2015），对关系网络的存续和企业的利益形成巨大威胁。关系冲突这种显著的风险效应，并非由于利益分歧难以遏止和化解，而在很大程度上是根源于企业间的风险感知差异。网络成员对于关系冲突风险水平的不同判断，导致企业间应对策略和行为的混乱，最终造成关系冲突风险在拓扑结构上的跨层级跨边界传导和在时间上的叠加耦合。因此，企业网络化成长的决策及行为机制则需要企业家感知和认识网络关系性质，对关系冲突风险的走向、升级、扩散趋势作出预警与预判，方能从容应对。研究企业针对关系冲突的风险感知内容对于探讨网络情景下企业对关系冲突的预判逻辑与决策内涵有着重要意义。然而，现有研究对于企业关系冲突感知风险的关注程度不足，为找出企业关系冲突感知风险的构面，本章通过文献分析和问卷调研相结合的方法，对关系冲突感知风险维度进行探索，对企业关系冲突感知风险的构面进行研究。

3.1　网络化背景下企业关系冲突风险感知的特殊性

3.1.1　关系冲突风险感知的普遍性

根据庞迪（Pondy，1967）提出的冲突五阶段模型，冲突分为以下五个阶段：潜在冲突（冲突发生的条件）、感知冲突（认知）、感觉冲突（情绪）、显现冲突（行为）和冲突结果（形成下一阶段冲突的条件）。其中，显现冲突是指任何一种冲突所导致的行为出现，是一个比较明确的分界点。本书为了阐述方便，借鉴庞迪（1967）的冲突五阶段模型将整个冲突过程划分为三大阶段：第一阶段，冲突显现前；第二阶段，冲突显现后、解决前；第三阶段，冲突解决后。

对于每一个特定的关系冲突来说，都会经历这样一个三阶段的过程，但大多数关系冲突都会在发展到第一阶段时即被化解或悬置，不会经历冲突的显现或爆发阶段，因此在通常情况下，发生激烈冲突的频率很低。再者，处于完全无冲突状态的合作关系几乎没有，即使再和谐的合作伙伴也会存在一些意见上的分歧。事实上，在合作的过程中，企业大多能经常并明显地感受到冲突带来的争执、摩擦、不和谐等。这是因为在现实中，企业面临的其实是一个"冲突集"的概念，即在一段特定时间内，网络内总是存在着许多不同种类的冲突，而这些冲突大部分都是处于其发展的非显现阶段，真正显现的（即爆发了激烈的冲突行为的）冲突比较少见。

因此，关系冲突是贯穿关系发展的整个生命周期的，具有普遍性，冲突与合作共存才是当今企业间关系的常态。在建构与发展合作关系的过程中，企业对于关系冲突风险的评估和判断是持续的、动态的，是一种常态化的行为，而非应急行为。

3.1.2 冲突影响的权变性

冲突作为一种无处不在的社会现象，一直是社会学、政治学、心理学等学科的重要研究对象。传统冲突理论始于对 18 世纪工业化时代的劳资关系冲突，随后扩展到其他研究领域。多数学者认为，冲突对于双方关系具有纯粹的消极影响。"利益派"认为冲突是对有关价值、地位、权利和资源的争夺，对立双方要破坏甚至消灭对方（Levy & Coser，1956），是感知到的利益差异，并相信双方的愿望不能同时实现（Rubin，1994）；"感知派"认为冲突是当事人双方的分歧，不相容的目标，难以协调的愿望的感知（Voertman & Boulding，1962），是在特定的组织环境下，当事双方感知到差异，并由此导致的负面情绪；"过程派"认为冲突是当事一方感受到对方损害了或者打算损害自己利益时所开始的一个过程（Thomas，1992），在这个过程中一方感知到自己的利益会受到另一方的消极影响（Wall & Canister，1995）；"行动派"则认为冲突是不相容的行动，这种不相容的行动会阻碍和干扰另一方目标的实现（Deutsch，1973）。冲突主体不相容的利益和目的导致消极的心理感知和对抗行为是以上研究结果的共同特点，关注冲突的负效应是以上学派研究的重点。

有些学者认为，冲突对于成员的影响是深刻而广泛的，单纯关注冲突的破坏性影响有失公正，在一定条件下，冲突也能产生正效应。科塞（Coser，1956）指出，社会群体之间的适度冲突能够释放积累的负面能量，形成一种类似于"安全阀"的保护性减压机制，对于整个社会的稳定来说至关重要。阿塞尔（Assael，1969）在针对汽车产业上下游关系的研究中发现，企业只要实施了正确的冲突管理手段，制造商与销售商之间的冲突反而能够增加合作效率，提升双方的财务绩效。基尔曼和米特洛夫（Kilmann & Mitroff，1977）研究发现，建设性冲突具有一种独特的"锦标赛效应"，能够促进良性竞争氛围的形成，激发组织成员的活力和创造力。斯卡梅斯（Skarmeas，2005）发现，在跨国进出口关系中，冲突反而能增加出口商的文化敏感性和资产专用性，进而增强其合作意愿，并且还能抑制出口商的机会主义倾向。哈格尔和布朗（Hagel & Brown，2005）发现，企业间联合研发过程中的摩擦反而能够激发研发人员的创造力，加速隐性知识的传递和流动，催生突破性成果的诞生，最终加快研发活动的总体进程。

从研究者们相互对立的发现和观点中可以看出：冲突的影响具有权变性。因此，冲突的风险性并不体现在冲突爆发的概率大小，而是在于冲突是否会对卷入双方带来消极的影响。根据此逻辑，企业对于关系冲突爆发可能性的判断和估计，并不能代表其对于关系冲突的风险感知，关系冲突可能带来的负面影响才是企业关系冲突风险感知的本质。

3.1.3　关系冲突演化与扩散的混沌性

在网络组织中，成员企业间经常存在着错综复杂的竞争、合作与共生。有趣的是，合作伙伴间的依赖度增强往往伴随着冲突可能性的上升。紧密的关系往往使得冲突更为显著，因为当双方关系变得更为紧密，对于关系规范的重视程度也会提高，任何对这些规范的违反都可能对关系造成重大伤害。有深厚关系的组织间可能更频繁地出现冲突，因为他们相信他们的关系不会受到威胁。与此同时，随着双方关系的加深，交往和互动也变得更为频繁，增加了冲突发生的概率。

随着企业间关系发展的推进，企业在各个领域的相互渗透也会越来越深。企业在某一合作领域的分歧与争端有可能传递至其他领域，进而引发更广泛的争论与对抗，使得原始冲突在合作企业内部的波及范围扩大。更严重的是，对于冲突焦点问题的传播与讨论会导致人们的对立，激起大范围的负面情绪，形成"情绪共振"效应，使冲突的局面进一步恶化。原始冲突的影响在合作企业内部各部门和群体之间的混沌传导，会形成难以预估的"滚雪球"效应，使冲突的烈度呈非线性增长，甚至会在极短的时间内冲破企业间的冲突管理机制的阈值，爆发成为恶性冲突。在网络环境下，企业间的二元冲突往往会影响整个网络的运行，损害到网络内部其他成员的利益，将更多的成员卷入冲突。卷入成员企业的反击行为则会引发更加激烈的冲突，形成反击行为不断升级的恶性循环，使冲突的波及面进一步扩大，最终导致整个网络冲突管理机制的瘫痪。

因此，在关系网络之中，关系冲突的发展和演化具有鲜明的混沌性。局部的冲突强度一旦突破关系网络内生的自我化解机制的阈值，关系冲突的烈度就会迅速升级，关系冲突的波及范围也会迅速扩大，演化为整个关系网络的动荡，甚至导致关系网络的解体，对企业苦心建构的关系网络造成毁灭性的破坏，形成巨大的风险。在关系网络背景之下，关系冲突的升级和扩散会使冲突的破坏性呈几何指数增长，企业对于冲突升级和扩散的评估和判断也是风险感知的重要组成部分。

3.2　关系冲突感知风险要素分析

关系冲突是企业网络化成长过程中的首要风险源。关系冲突一旦处理失当，会打破网络均衡，影响网络的正常运行机制，并造成资源整合低效、群体认知混乱、网络结构失衡、能力体系破裂、规则约束失效，降低关系资本的运转效能，影响企业的生存和成长。关系网络具有环境因素复杂、多个主体参与、硬性约束缺乏的特点，潜在的关系冲突一旦失去控制爆发为显性冲突，极有可能导致冲突烈度的升级和冲突范围的扩大，将企业卷入更大的漩涡，蒙受更大的损失，甚至使企业苦心经营的关系网络崩溃解体。

关系资本是企业整合网络资源、获取关系租金的有力工具，也是关系网络价值的集中体现（蔡双立，2013）。因此，本章基于蔡双立（2013）提出的成长性企业网络关系资本构建要素模型，采用风险树分析法，对网络环境下关系冲突对企业构成的多种风险进行详细分析。

3.2.1 关系资本效能丧失风险

蔡双立认为，企业所拥有的关系资本是由关系资源、共同认知、网络结构、规则约束和关系能力等核心要素相互匹配、有机融合形成的价值创造体系。因此，任何核心要素的缺失都会严重影响关系资本的运转效率，关系冲突对于关系资本核心要素的冲击和削弱构成了其最直接的风险来源。

（1）资源要素丧失风险。资源是构筑企业竞争能力的核心，也是网络组织成员间合作的基础。从资源的角度来看，企业的合作过程实际上也是企业间不断交换核心资源、共同构筑网络资源池以获取系统性竞争优势的过程。关系冲突不但会影响企业的资源获得和网络资源池的聚集与整合，还有可能使企业失去自身的核心资源，对企业构成重大风险。

首先，关系冲突会影响企业之间的资源整合。关系冲突会增加合作伙伴对于核心资源投入的担心和疑虑，使得企业的合作伙伴在资源投入方面采取保守策略，导致关系网络内部的共享资源无法得到丰富和及时更新。网络成员企业之间的资源投入达不到标准，就不能形成有效的合力，无法实现网络化生产的规模效益和系统性优势。其次，关系冲突还可能会造成企业的核心资源在资源共享过程中流失，特别是知识和技术的外泄，而这些知识和技术很可能正是企业的竞争优势所在。企业加入关系网络的动机之一就是捕获其他企业优越的知识和技术，企业可能利用共同活动作为秘密捕获其他企业知识和技术的一种方式。关系冲突会降低合作伙伴对于网络化生产的信心，刺激合作伙伴的自利性动机，促使它们侵占和攫取企业的资源和技术。

因此，资源要素丧失风险可以划分为资源整合风险和资源丢失风险：资源整合风险是指关系冲突导致合作伙伴投入的资源数量和质量达不到网络化生产最低要求的可能；资源侵占风险是指关系冲突导致合作伙伴窃取和占用使用企业资源的可能性。

（2）认知要素丧失风险。关系认知资本反映了网络成员对网络目标的共同理解，共同认知引导着企业间的合作行为，形成 1 + 1 > 2 的网络协同效应。关系冲突会严重影响网络成员间的沟通，降低信息传递效率，使得企业间的行动难以协调和同步，增大企业的经营风险。关系冲突还会严重影响成员企业对于关系网络的信心和预期，改变企业的价值理性和决策逻辑，催生企业的自利性行为和短视行为。

首先，关系冲突会降低网络成员间决策的匹配度。网络组织包含多个独立的主体，其决策制定往往需要经过讨论协商才能形成。关系冲突会导致网络成员间的沟通不畅，增加各成员企业间在协同生产计划、联合营销推广等网络经营问题上的协调成本与协调难度。一方面，造成网络成员间在决策目标上彼此脱节；另一方面，使得网络成员各自的决策目标与网络的共同目标之间出现偏差，放大网络化生产的系统性风险，降低网络化生产的效率。

其次，关系冲突会影响网络成员的决策逻辑。稳定而持久的关系网络是网络成员达成战略目标和实现自身利益的前提，因此，在关系网络运转良好时，企业的决策既要实现集体理性与个体理性的平衡，又要实现长期利益和短期利益的平衡。但是，企业的本质是追求利益最大化，关系冲突引发的网络动荡会动摇成员企业对于关系网络稳定性和持续性的信心，不仅会促使企业忽视关系网络的总体目标，放弃集体理性，更加关注自己的私利，而且会使企业枉顾长远的发展前景，采取急功近利的做法来快速"套现"自己的网络租金收益。因此，关系冲突可能导致企业决策原则从互利共生的网络生态逻辑退化回自私短视的原子竞争逻辑。

因此，认知要素丧失风险可划分为目标错位风险和原则退化风险。目标错位风险是企业由于关系冲突引起的沟通不畅问题而出现决策目标偏差的可能性；原则退化风险是企业由于关系冲突引发的网络紧张局势而改变自身决策原则的可能性。

（3）结构要素丧失风险。网络结构是网络成员间关系的赋存状态与联结模式，体现了关系网络的整体布局特点。良好的网络结构是企业组织协同生产、创造网络价值的有利"硬件",优势的网络位置是企业建立竞争优势、获取租金收益的重要前提。企业不但可以通过探寻和占据网络中的结构洞来获取信息优势和控制优势,还可以通过构建闭合网络来实现战略协同和资源共享。

关系冲突不但会导致企业间的关系断裂,使企业失去原有的资源获取通道,还会引发网络结构变迁,会使原先处于结构中心位置的企业逐步被边缘化,关系控制、关系合作创利与议价能力逐步减弱,关系合作的主体位置会被新的盟主替代。在众多的企业围绕一个或少数几个核心企业所形成的轮轴式网络中,核心企业是整体网络中信息和资源的集散点,是网络的权力中心,同时协调网络中各个企业关系,对于整体网络的运作有着举足轻重的作用。如果核心企业之间发生关系冲突,那么必然使整个网络的稳定性和运行效率受到严重影响,甚至导致整个网络的解体。

因此,从单个企业的角度看,关系冲突会给企业造成两个方面的结构要素丧失风险:首先是位置丧失风险,即关系冲突引发的网络结构变迁使得企业失去原有网络位置的风险;其次是网络解体风险,即关系冲突导致整个网络解体的风险。

(4)能力要素丧失风险。在关系资本运作的过程中,关系资源是合作基础,网络结构是背景框架,共同认知是行动导向,关系契约是约束机制,关系能力则是将这些条件转换为关系租金收益的转换器。关系能力体现了企业对关系网络的影响力和控制力,是由机会探寻、网络资源获取、关系协同生产、网络福利贡献和人际关系协调五种能力有机结合而构成的综合能力体系。关系冲突会严重地干扰企业关系能力的发挥,甚至使得企业的关系能力无效化。

首先,关系冲突不但会降低企业传递信息的积极性,对信息的传递形成干扰,造成信息不完全和信息失真等问题,使得企业无法及时获取有关合作伙伴的有效信息,难以捕捉网络内部的合作机会。其次,企业的本质是逐利组织,关系冲突引发的企业层面的利益纷争超越了人际关系协调机制的作用范围,网络内充斥的负面情绪也会严重影响非正式关系的作用效能。最后,关系冲突引发的信息障碍和紧张局势会影响合作企业间对于对方合作动机的感知和把握，放大网络成员的自保倾向和不信任，使得合作企业陷入相互猜疑和试探的恶性循环中，形成信任的负反馈机制，影响成员企业的合作预期和合作积极性，增加企业间的资源调配难度和行动协调难度，使得企业的资源整合、协同生产和价值创造难以开展。

因此，关系冲突会导致企业的关系能力体系无法发挥，造成关系能力丧失风险。

（5）规则要素丧失风险。关系契约与规则是关系资本构建和运行的制度保障。关系是在交易中形成的人和人之间的联系，是由交易引起的，因契约而连接。契约是界定交易过程中人们权利义务的一项制度安排，具体包括交易前的契约谈判、承诺、签约后的执行和监督、违约或中止的惩罚等。关系契约是以人们长期交往中积累形成的一系列惩罚与激励机制，广泛存在于成员企业之间，它往往以非正式规则形式出现，约束着人们的行为，既促进了企业间交易的顺利开展，又保障了利益分配的公平有序，显著提升了关系网络的运行效率。

关系冲突则会对企业间的关系契约和关系治理机制造成冲击，影响网络第三方的担保、监督与制裁，使得隐性规则的约束失效。一方面，规则约束机制的失效会增加网络成员间的交易成本，降低网络内部交易的比较优势，促使更多网络成员转向寻找网络外的交易机会，导致网络成员间的交易可能性和交易效率的降低，给企业造成交易效率损失；另一方面，关系约束的失效给网络成员的机会主义行为提供了空间，促使实力较强的成员企业运用自身的网络权力扭曲网络利益分配机制，侵占弱小企业的应得利益，而实力较弱的成员企业则会采取各种各样的"背德行为"来维护自己的利益，利益的争夺最终将打破网络内部的均衡局面，使整个网络陷入动荡之中，使所有人都蒙受利益损失。

因此，规则要素丧失风险可以划分为两个方面，交易低效风险和机会主义风险。交易低效风险是关系冲突冲击关系契约和规则导致企业蒙受效率损失的可能性，机会主义风险是关系冲突冲击关系契约和规则引发网络成员间的背德行为导致企业损失的可能性。

3.2.2 组织间关系冲突的涟漪效应风险

关系网络是由多个企业共同组成的有机整体，网络内部存在着错综复杂的关系联结和利益绑定，关系冲突的影响不仅会打破合作者之间的均衡，还会通过多种机制传导至网络内部的其他企业。关系冲突如同一块扔进水面的石头，会引起一系列的涟漪，形成环环相扣的连锁反应，使冲突的后果和波及范围难以预料，具有显著的风险效应。

（1）纵向涟漪效应风险。纵向涟漪效应风险是指关系冲突的烈度不断升级所形成的风险。首先，企业间的关系冲突会引起冲突双方的负面情绪（愤怒、焦虑、敌意、恐惧），使得企业的行为逐渐偏离理性轨道，导致更加激烈的互动行为出现。其次，合作双方的行为存在着相互性。营销学领域的研究者发现，企业在合作过程中具有追求行为对称的倾向，即"以德报德、以恶报恶"。在冲突过程，一方的恶性行为往往会引发对方更加恶劣的反击行为，使得双方陷入一种"比恶"的负反馈中，加剧了冲突的激烈程度。最后，企业的关系合作具有多层面、多任务的特点，企业间的冲突会在不同层面、不同部门、不同群体之间同时引发震荡，形成系统内各部分的共振，引发整个企业间关系合作系统的"巨涨落"，形成显著的"冲突耦合"效应，使得冲突所蕴含的能量呈几何倍数增长。

（2）横向涟漪效应风险。横向涟漪效应风险是指关系冲突的波及范围不断扩大的风险。当关系冲突出现僵局的时候，冲突双方通常会通过"拉帮手"的方法来增强自己的力量，以压倒对方，取得胜利，使得更多的企业被迫卷入冲突。并且成员企业间的关系冲突会对网络的运行效率造成影响，冲突双方的负面情绪和冲突因素会从网络内部的关系路径传递到其他的冲突局外企业，出于利益考量和感情认同，那些未被冲突波及的企业也会自发地"选边站"，主动地介入冲突，使得冲突的波及范围进一步扩大。

通过前面的风险树分析，我们可以看出，关系冲突给企业造成的客观风险来源于两个方面：一是关系冲突所带来的直接负面后果——关系资本运转效率降低可能给企业造成的损失，即关系资本效能丧失风险，包括资源风险、能力风险、结构风险、认知风险、规则风险；二是关系冲突所带来的间接负面后果——关系冲突升级和扩大的可能性，即冲突的涟漪效应风险，包括纵向涟漪效应风险和横向涟漪效应风险。具体情况如图3.1所示。

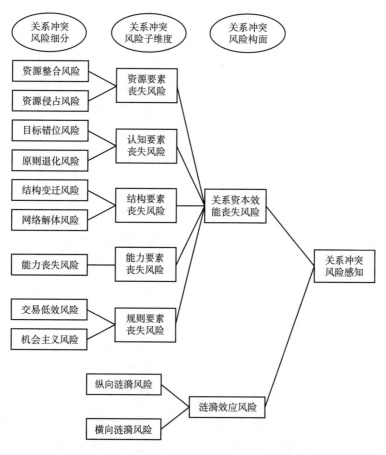

图3.1 网络背景下关系冲突的风险树分析

风险感知是人类的感知对客观风险的反映，企业针对关系冲突的风险感知的构面应该以客观风险为基础。因此，企业针对关系冲突的感知风险应当包括两个大的维度：一是关系资本效能丧失维度，包括资源、认知、结构、能力、规则五个子维度；二是冲突的涟漪效应风险维度，包括纵向涟漪效应风险和横向涟漪效应风险两个子维度。

3.3　研究设计

3.3.1　量表设计

本书通过问卷初稿设计、开放式问卷调查和预调研、问卷修改 3 个环节进行量表的开发。

（1）问卷初稿设计。本书问卷的测量项设计在借鉴了相关文献的研究成果的基础上，通过与行业内人士的深度访谈，结合先前针对关系冲突的风险树分析归纳出的 6 种风险类型进行题项设计，并分别给出各风险维度操作化的定义，形成了包含 32 个题项的预调研问卷，具体情况如表 3.1 所示。

表 3.1　　　　　　　　　　关系冲突感知风险的初始量表

编号	测量题项
V11	合作伙伴企业会降低投入资源的质量
V12	合作伙伴企业会减少投入资源的数量
V13	合作伙伴企业的投入资源与原有约定存在差异
V14	我们的商业机密可能会被合作伙伴企业窃取
V15	我们的技术人员和管理人员可能会流失
V16	我们的管理经验、运作流程很可能会被合作伙伴企业模仿
V21	关系冲突会妨碍我们与合作伙伴之间沟通的及时性
V22	关系冲突会妨碍我们与合作伙伴之间沟通的准确性
V23	关系冲突会妨碍合作伙伴对我们提出的建议作出积极回应

编号	测量题项
V24	合作伙伴会放弃合作目标
V25	合作伙伴会更加关注自身的战略目标
V26	合作伙伴会采取对自己更有利的行动
V31	冲突会损害本企业的声誉
V32	冲突会妨碍本企业与其他企业之间的交流
V33	冲突会妨碍本企业从其他企业处获得新资源
V34	合作伙伴会选择退出合作
V35	其他企业会停止与本公司的合作
V41	冲突会妨碍我们的信息获取
V42	冲突会降低我们与合作伙伴企业之间的相互信任
V43	冲突会妨碍我们与合作伙伴企业之间的感情
V51	冲突会增加本企业从合作伙伴处获得人、财、物等资源的成本
V52	冲突会迫使本企业投入更多资源和精力来监督合作伙伴的行为
V53	冲突会降低本企业与合作伙伴之间的交易频率
V54	合作伙伴会隐瞒对我们不利的信息
V55	合作伙伴可能会为了保护自己的利益而不遵守先前达成的协议
V56	合作伙伴可能会未经允许利用我们的某些信息
V61	合作伙伴会非常不满
V62	合作伙伴不会寻求和解
V63	合作伙伴采取更加激烈的反击行为
V64	合作伙伴会寻求他人的帮助
V65	会有其他企业介入我们的冲突
V66	会引发我们与其他企业间的冲突

（2）问卷修改。在预调研之后，经过 3 名企业管理系教授与 3 名企业管理系博士生的多轮梳理和提炼后，发现被试者普遍认为，题项 V13 与 V11、V12 代表了相同的问题，所以删除题项 V13，由 V11 和 V12 代替即可；题项 V23 和 V33 的表述模糊，不同被试者对于这两个题项的理解存在分歧，所以删除题项 V23 和 V33。然后，本书对预调研的结果采用决断值分析：高分组

和低分组各占人数的 27%，计算各题项的 CR 值，删除 CR 值小于 0.005 显著
性水平的题项：V15、V25 和 V61。形成了具有 26 个题项的最终量表，具体
情况如表 3.2 所示。

表 3.2　　　　　　　　　关系冲突感知风险的最终量表

编号	测量题项
V11	合作伙伴企业会降低投入资源的质量
V12	合作伙伴企业会减少投入资源的数量
V13	我们的商业机密可能会被合作伙伴企业窃取
V14	我们的管理经验运作流程很可能会被合作伙伴企业模仿
V21	关系冲突会妨碍我们与合作伙伴之间沟通的及时性
V22	关系冲突会妨碍我们与合作伙伴之间沟通的准确性
V23	合作伙伴会放弃合作目标
V24	合作伙伴会采取对自己更有利的行动
V31	冲突会损害本企业的声誉
V32	冲突会妨碍本企业与其他企业之间的交流
V33	合作伙伴会选择退出合作
V34	其他企业会停止与本公司的合作
V41	冲突会妨碍我们的信息获取
V42	冲突会降低我们与合作伙伴企业之间的相互信任
V43	冲突会妨碍我们与合作伙伴企业之间的感情
V51	冲突会增加本企业从合作伙伴处获得人、财、物等资源的成本
V52	冲突会迫使本企业投入更多资源和精力来监督合作伙伴的行为
V53	冲突会降低本企业与合作伙伴之间的交易频率
V54	合作伙伴会隐瞒对我们不利的信息
V55	合作伙伴可能会为了保护自己的利益而不遵守先前达成的协议
V56	合作伙伴可能会未经允许利用我们的某些信息
V61	合作伙伴不会寻求和解
V62	合作伙伴会采取更加激烈的反击行为
V63	合作伙伴会寻求他人的帮助
V64	会有其他企业介入我们的冲突
V65	会引发我们与其他企业间的冲突

最终形成的调查问卷包括两部分内容：第一部分调查受访企业的统计特征；第二部分通过具体陈述问项询问受访者对企业间关系冲突的风险损失的可能性感知，让受访者对风险事件陈述进行损失严重程度和发生可能性大小的评价。

本书在调查问卷相关问题设定和表达的时候尽量保证了被调查者能够清晰、容易地理解，保证被调查者能够准确客观地进行作答和选择，从而保证了数据的真实性。问题数量控制在 20～40 个，符合被调查对象的答题习惯。本书调查问卷中对于 5 个变量的全部题项均采用李克特五点量表，题目均设计为：被调查者根据具体的问题在诸如"非常同意、比较同意、一般、不太同意、不同意"或者"很多、较多、一般、较少、很少"，从这 5 个选项中选出一个自己认为符合的答案。

3.3.2 正式调研及样本特征

（1）问卷发放与数据回收。本书以问卷形式展开调查，问卷制定后以纸质问卷和电子邮件的形式进行随机发放。问卷调查持续时间为 2017 年 1～2 月，对天津、洛阳和芜湖各大企业的中高层管理者进行随机抽样并发送电子邮件或者预约采访。问卷投放时间结束，在截止日期一共发放了 400 份问卷，回收问卷共计 323 份，进行甄选后的有效问卷共 255 份。综上所述，本问卷调查回收率为 80.75%，有效率为 78.95%。

（2）调查对象情况。本次调查选择了上述三个城市的企业管理者为实证研究对象。为了与这部分人员进行良好有效的沟通，问卷的发放借助了企业管理人员的家人以及银行企业信贷部门工作的同学的帮助，尽可能地对三个城市的企业管理者进行有效采访。这些企业管理者十分了解本企业的发展概况和业务关系，这保证了问卷调查的有效性，使得问题的统计数据具备更高的可信度。

（3）样本特征。表 3.3 表明了企业的各项业务数据分布状况：

表 3.3   样本特征的分布情况

企业特征	特征分布	样本数（份）	百分比（%）
成立时间	3（含）年以下	85	33.3
	3~10（含）年	113	44.3
	10~15（含）年	38	14.9
	15年以上	19	7.5
员工数量	20人以下	38	14.9
	21~100人	169	66.3
	101~500人	37	14.5
	501人以上	11	4.3
企业性质	国有及国有控股企业	14	5.5
	集体及集体控股企业	9	3.5
	私营及控股企业	31	12.2
	外商及港澳台投资企业	12	4.7
	股份制企业	143	56.1
	股份合作制企业	37	14.5
	其他	9	3.5
主营业务	制造业	99	38.8
	建筑业	27	10.6
	金融业	12	4.7
	电力、燃气及水生产和供应业	2	0.8
	房地产业	13	5.1
	批发和零售业	45	17.7
	住宿和餐饮业	36	14.1
	医疗卫生	4	1.6
	交通运输、仓储和邮政业	7	2.7
	文化娱乐	2	0.8
	其他行业	8	3.1

首先列示的是企业的成立时间，按照1~3年、3~10年、10~15年、15年以上分为了四个时间区间，样本调查结果中这四个时间段分别占了

33.33%、44.3%、14.90%和7.5%，从这些数据我们很清晰地看出，在这三个城市的企业创立时间大部分少于10年，正处于一个新生和亟待发展的阶段。这些数据很好地解释了这三个城市的企业主力军是新生企业，而那些已经成熟完善的企业则只占了一小部分。

在员工数量方面，问卷把人数区间设定在小于20人、20~100人、100~500人以及500人以上，这个数据反映了企业的规模大小。调查显示，20人以下占了14.9%，这说明小型企业数量占据了一定数量，但在所有企业中并不占据大多数的地位；20~100人企业占了66.3%，显然占据了企业的大多数，说明中小型企业是这三个城市当前企业的主要规模；100~500人企业占了14.5%，500人以上企业占4.3%，这部分较大型企业所占的比例并不是很高，这也符合实际城市发展和行业发展的客观现状。

企业的类别中私营控股、股份制企业和股份合作企业，分别占12.2%、56.1%和14.5%，总体来说各种类别分布广泛，其中股份制企业占据主要地位。

而根据统计企业的业务范围，我们看到制造业占了38.8%，是比例最高的行业，其余比例较高的批发和零售业、住宿和餐饮业、建筑业分别占了17.6%、14.1%、10.6%，行业分布比较均匀并和实际状况吻合度较好。总体看来，该样本分布具备较好的现实性和广泛性，可以代表这三个城市的企业状况。

3.4　数据分析

3.4.1　因子分析条件检验

测量项是否存在着相关关系决定了能否进行因子分析，所以我们采用了计算相关系数矩阵的方法，得出相关系数为0.4，这个值表示这些问项是具有显著相关关系的，所以因子分析可行。为了进一步验证因子分析的可行性，需要采用 KMO 和 Bartlett 两种检验方式，前者大于 0.8 且后者小于 0.05，便足以说明问卷可做因子分析。经过分析研究，所使用问卷 KMO 值为 0.866，Bartlett 球形检验显著性为 0.000，都符合标准，如表 3.4 所示。

表 3.4　　　　　　　　**KMO 检验和 Bartlett 球形检验结果**

KMO 和 Bartlett 的检验结果		
取样足够度的 Kaiser – Meyer – Olkin 度量		0.866
Bartlett 的球形度检验	近似卡方	268.080
	Df	10
	Sig.	0.000

3.4.2　因子抽取与旋转

采用主成分法进行分析，即我们从分析因子中选择特征值大于 1 的所有因子，再把这些因子进行最优斜交旋转，最终得到 6 个因子。表 3.5 反映了因子分析结果。

表 3.5　　　　　　　　　　　**因子结构矩阵**

编号	因子					
	1	2	3	4	5	6
V11	0.866					
V12	0.845					
V13	0.827					
V14	0.773					
V21		0.945				
V22		0.916				
V23		0.751				
V24		0.718				
V31			0.914			

续表

编号	因子					
	1	2	3	4	5	6
V32			0.859			
V33			0.781			
V34			0.719			
V51				0.901		
V52				0.881		
V53				0.770		
V54				0.798		
V55				0.749		
V62					0.928	
V42					0.850	
V43					0.787	
V63						0.823
V64						0.759
V65						0.727

旋转方法包括斜交和正交两种，但正交存在着一定的缺陷：正交旋转中假设因子互相之间不具备相关性，为独立个体，这与实际不符。法布雷加（Fabrigar，1999）认为正交旋转的结果简单清晰，因而被很多人采用分析，他们有一部分甚至抽取 m 个相互独立的因子作为分析结果，这显然是不全面的。我们在分析模型中没有对分子的独立性作出规定说明。科斯特洛和奥斯本（Costello & Osborne，2005）指出现象之间是存在着普遍的联系的，这个联系不一定明显，但是在数据分析中是具有价值的，所以斜交旋转方法在客观分析上更加正确真实。此外，最优斜交旋转方法不是复杂的分析方法，对于研究者来说这种方法实用且方便。使用这种方法进行分子分析后，得到总方差解释率为 78.776%，这些结果在表 3.6 中显示了出来。

表 3.6   方差贡献率

因子	初始特征值	提取平方载荷的总和			旋转平方载荷的总和 a
	累计方差贡献率（%）	特征根	方差贡献率	累计方差贡献率（%）	特征根
1	32.209	6.759	32.209	32.209	4.173
2	51.384	4.031	19.175	51.384	4.906
3	59.650	1.722	8.266	59.650	4.389
4	66.993	1.566	7.343	66.993	3.912
5	73.545	1.347	6.552	73.545	3.664
6	78.776	1.091	5.231	78.776	3.521

3.4.3 信度检验

为了检验出所测量的因子有没有因为本身之间存在着相似或者相等的关系而导致工作赘余，提高测量数据的可靠性，在本书采用了 Cronbach's α 值进行检测。Cronbach's α 值检测中规定 α 值高于 0.7 代表因子具有很好的可靠性，意味着因子之间的关系不具有很强的相似性，但如果 α 值低于 0.35，就说明因子的相似性过高，是没有使用价值的。在本实验中，表 3.7 给出了结果，显然大部分 α 值大于 0.8，信度是值得信任的。

表 3.7   Cronbach's α 系数

因子	因子 1	因子 2	因子 3	因子 4	因子 5	因子 6
α 系数	0.865	0.875	0.879	0.822	0.837	0.685

3.4.4 效度检验

本书的效度分析采用了 AMOS21.0，并把验证性因子分析的结果列示在表 3.8 中。多数题项的标准负载都比 0.7 要高，所有因子的 AVE 都高于 0.5，同时复合信度值大于0.7，这些检测结果表明测度项具有较好的信度和收敛效度。

表3.8 验证性因子分析结果

因子	题项	标准负载	平均炼方差	CR
因子1	V11	0.773	0.715	0.821
	V12	0.887		
	V13	0.871		
	V14	0.749		
因子2	V21	0.724	0.612	0.854
	V22	0.689		
	V23	0.736		
	V24	0.773		
因子3	V31	0.865	0.764	0.832
	V32	0.896		
	V33	0.680		
	V34	0.826		
因子4	V51	0.772	0.734	0.877
	V52	0.754		
	V53	0.800		
	V54	0.779		
	V55	0.753		
因子5	V62	0.733	0.698	0.905
	V42	0.878		
	V43	0.765		
因子6	V63	0.842	0.703	0.798
	V64	0.720		
	V65	0.873		

区别效度的比对和检测需要比对因子的 AVE 平方根和相关系数，本书对其进行大小比较，并把结果呈现在表 3.9 中。经过比对，看到 AVE 平方根的大小同比相关系数都较大，这个规律表明样本数据的区别效度很好。

表 3.9　　　　　　　　　　　AVE 平方根与相关系数

因子	因子 1	因子 2	因子 3	因子 4	因子 5	因子 6
因子 1	0.741					
因子 2	0.381	0.684				
因子 3	0.343	0.384	0.695			
因子 4	0.329	0.455	0.471	0.774		
因子 5	0.265	0.479	0.389	0.007	0.756	
因子 6	0.299	0.238	0.429	0.367	0.394	0.796

为了验证模型的合理性，使用 AMOS21.0 进行分析。将验证性因子进行了导入模拟后，得到了拟合指数值，将其与推荐值进行比对，结果如表 3.10 所示。综合了这些模拟值后可以看出，所有的指标都与推荐值较接近，其中 CFI 实际值稍小，其余值略大。这个结果很好地说明了模型具有合理性，拟合程度非常高。

表 3.10　　　　　　　　　　　拟合标准

拟合指数	χ^2/df	RMR	GFI	AGFI	CFI	NFI	RMSEA
判断标准	<2.00	<0.05	>0.900	>0.900	>0.900	>0.900	<0.08
本书中的值	1.286	0.039	0.985	0.907	0.860	0.957	0.031

3.5　企业关系冲突感知风险构面形成

经过上述步骤，提取了企业关系冲突感知风险的 6 个构面，下面对这 6 个感知风险构面进行分析及命名（见表 3.11）。

表 3.11   关系冲突感知风险构面分析

构面	累计方差贡献率（%）	题项数目	题项原编号	测量题项
资源丧失风险	32.209	4	V11	合作伙伴企业会降低投入资源的质量
			V12	合作伙伴企业会减少投入资源的数量
			V13	我们的商业机密可能会被合作伙伴企业窃取
			V14	我们的管理经验、运作流程很可能会被合作伙伴企业模仿
认知失调风险	51.384	4	V21	关系冲突会妨碍我们与合作伙伴之间沟通的及时性
			V22	关系冲突会妨碍我们与合作伙伴之间沟通的准确性
			V23	合作伙伴会放弃合作目标
			V24	合作伙伴会采取对自己更有利的行动
结构变迁风险	59.650	4	V31	冲突会损害本企业的声誉
			V32	冲突会妨碍本企业与其他企业之间的交流
			V33	合作伙伴会选择退出合作
			V34	其他企业会停止与本公司的合作
规制失效风险	66.993	5	V51	冲突会增加本企业从合作伙伴处获得人、财、物等资源的成本
			V52	冲突会迫使本企业投入更多资源和精力来监督合作伙伴的行为
			V53	冲突会降低本企业与合作伙伴之间的交易频率
			V54	合作伙伴会隐瞒对我们不利的信息
			V55	合作伙伴可能会为了保护自己的利益而不遵守先前达成的协议
冲突升级风险	73.545	3	V42	冲突会降低我们与合作伙伴企业之间的相互信任
			V43	冲突会妨碍我们与合作伙伴企业之间的感情
			V62	合作伙伴会采取更加激烈的反击行为
冲突扩散风险	78.776	3	V63	合作伙伴会寻求他人的帮助
			V64	会有其他企业介入我们的冲突
			V65	会引发我们与其他企业间的冲突

（1）资源丧失风险。该构面由 4 个题项组成，其中，V11 和 V12 描述了关系冲突导致合作伙伴投入的资源数量和质量达不到网络化生产最低要求的可能性，V13 和 V14 描述了关系冲突导致合作伙伴窃取和占用使用企业资源的可能性。这些题项合在一起，集中体现了关系冲突对企业在关系网络中资源获得和资源保护的负面影响，故将此构面命名为资源丧失风险。

（2）认知失调风险。该构面由 4 个题项组成，其中，V21 和 V22 描述了由于关系冲突引起的沟通不畅问题而出现决策目标偏差的可能性，V23 和 V24 描述了由于关系冲突引发的网络紧张局势而改变自身决策原则的可能性。这些题项合在一起，集中体现了关系冲突对企业与合作者之间的认知统一性的负面影响，故将此构面命名为认知失调风险。

（3）结构变迁风险。该构面由 4 个题项组成，其中，V31 和 V32 描述了由于关系冲突引发的网络结构变迁使得企业失去原有网络位置的可能性，V33 和 V34 描述了由于关系冲突导致整个网络解体的可能性。这些题项合在一起，集中体现了关系冲突对企业所处的网络位置和关系网络的整体结构的负面影响，故将此构面命名为结构变迁风险。

（4）规制失效风险。该构面由 5 个题项组成，其中，V51、V52 和 V53 描述了由于关系冲突冲击关系契约和规则导致企业蒙受效率损失的可能性，V54 和 V55 描述了由于关系冲突冲击关系契约和规则引发网络成员间的背德行为导致企业损失的可能性。这些题项合在一起，集中体现了关系冲突对企业间的关系契约和关系治理机制的负面影响，故将此构面命名为规制失效风险。

（5）冲突升级风险。该构面由 3 个题项组成，其中，V42 和 V43 描述了关系冲突对于企业间的相互信任和感情的冲击，V62 描述了关系冲突诱发合作伙伴采取恶意行为的可能性。这些题项合在一起，集中体现了关系冲突诱发合作者之间陷入消极相互性的负反馈过程的可能性，故将此构面命名为冲突升级风险。

（6）冲突扩散风险。该构面由 3 个题项组成，其中，V63 描述了关系冲突情境下合作伙伴通过"拉帮手"的方法来强化自己的力量,使得更多的企业卷入冲突的可能性;V64 描述了当企业与合作者之间发生关系冲突时,其他企业介入关系冲突的可能性;V65 描述了关系冲突从网络内部的关系路径传递到其他企业的可能性。这些题项在一起,集中体现了关系冲突波及范围扩大的可能性,故将此构面命名为冲突扩散风险。

第4章 冲突情境下企业的关系价值权衡

4.1 企业的关系网络与关系资本

4.1.1 关系网络的经济价值

关系是具有经济价值的,这一价值很早便得到了社会学家的关注。伯特(Burt,1997)把社会关系网定义为资本的一种,并且认为它很重要,可以让人在成功运营这个资本的前提下因此获得良好的生活机遇。除此之外,埃弗斯和施拉德(Evers & Schrader,1996)认为在一场企业采购中,社会关系网络能很大程度影响供货商的选择和商品的价格。

张五常(1999)把人际关系看成替代品,可以替代市场从而在经济的控制方面作出一定贡献,他的这一发现在关系与经济学的联系中属于早期理论。进一步地,辛和皮尔斯(Xin & Pearce,1996)指出社会关系为资源配置提供了有效手段。王询(1998)把关系和成本联系到一起,指出良好关系的有效利用可以节省交易成本,并为未来提供潜在性的价值。程恩富和彭文兵(2002)则把机遇和竞争关系放在一起解读,认为关系的优势可以转化为获得机遇,例如更低廉的成本,更便捷的销售路径等。一些相关的专家学者还认为关系是促进发展的催化剂,是提升合作双方信任度的基础。科尔曼(Coleman,1988)认为在交易中信任度的高低会作为比较的一个关键因素,显然良好的信任度所需要付出的时间和做出的承诺要少。不仅如此,社会关系还在很多方面为企业提供便利，排忧解难。管理学者则更加关注企业的竞争优势与关系的相互关系（往往是因果关系）。其中，罗和陈（Luo & Chen，1997）经过数据统计作出了实证研究，发现关系好坏明显与公司的业绩存在对应关系。伯特（1995）则结合了结构洞理论，把企业的竞争优势和关系联系到一起。综上所述，企业的竞争事实上是关系的竞争，社会关系网络的广度和深度决定了竞争的优劣势。关系短期提供竞争优势，但可以长期存在，如"种子"般可以开枝散叶、良性发展，对企业的长期运营发展有重大的影响。

4.1.2 关系网络是基于行动者投入和维护的动态系统

经济社会学学派的代表人格拉诺维特（Granovetter，1973）认为，个人或组织建立的关系网络具有动态性，总是在不断演化的，行动者投入的时间、精力和金钱是网络演化的根本动力。关系网络的规模和效能会随着行动者投入水平的降低而衰减，也就是说，关系网络是需要维护的，其效能的发挥是需要维护成本的。布尔曼和莱维特（Boorman & Levitt，1985）进一步发展了格拉诺维特的观点，他们认为，行动者对于关系网络的投资与关系网络效能的发挥之间存在着时间上的间隔，个体必须维持相当的投入水平才能保证先前的关系投资在持续的合作与互动中带来持续的收益。因此，关系网络中的行动者都有投入资源来提升关系投资收益水平的先天激励，尤其是当行动者投入了大量资源来建构维护某段关系时，关系的持久性与稳定性对于行动者就具有极其特殊的价值。

4.1.3 关系资本的特性

关系网络是行动者之间关系的集成，是行动者优化自身处境的有力工具，能够为网络中的行动者提供多个层面的支持，例如传递信息、约束行为、建立互信等。作为逐利的市场主体，企业通过有目的地建构和运用关系网络，能够更有效率地创造和获取经济价值，企业所拥有的关系网络是一种具有生

产性的资本——关系资本，关系网络的质量以及关系网络与企业价值创造体
系的匹配程度决定了关系资本价值的高低。此外，关系网络为行动者带来的
优势和利益通常是无形的，不具备现实的载体，关系资本是嵌入在特定的社
会关系之中的，行动者一旦破坏或失去这种特殊的关系，关系资本的价值就
会大打折扣，甚至直接清零。因此，关系资本与实物资本一样，都具有资产
专用性。

关系资本具有 5 个特点：

第一，双向性。显而易见的是，关系网络的建立虽然错综复杂，但是关
系的成立和发展一般只取决于双方，如果一方选择取消关系，那么这一条关
系线便自然断裂，关系受双方影响。从改变关系的内外部环境来说，内部
（企业、组织等）和外部（外部环境）也是双向影响。

第二，专属性。虽然关系具有一定的传递性，但是关系也存在着专属性，
传递性也是基于专属性上的。第三方无法通过某一段关系来获得利益，所以
这也导致了关系资本不具有很强的流动性。

第三，可投资性。关系的建立可以依靠很多因素，但在经济社会中很大
一部分都需要资本注入来建立和维持并发展关系。

第四，损耗性。关系会随着时间因素、事情发展等而产生折损。

第五，嵌入性。关系的双向性不代表其运作的单一性，整个社会关系网
络复杂且能互相影响，也会受到外部环境如网络的影响。

4.2　关系资本投资决策与实物期权思想

4.2.1　关系资本投资决策方法选择

诸多学者的研究和企业管理者的实践都表明，关系资本是一种能够长期
产生超额利润的战略资产，关系资本的投资与维护对于企业来说十分重要。
随着现代社会企业的数量增多，有竞争力的企业也逐渐掌握了主动权，社会

关系逐渐聚拢，这意味着社会关系会成为稀缺资源，而这种资源对于企业发展来说必不可少。尽管如此，企业与企业的合作过程存在大量的不可控因素，它们具有不可逆、复杂多变、高风险等特征，关系社会导致的合作既可能朝良性方向发展，也可能因合作失败而造成经济亏损。这使得管理者在进行关系资本投资决策时困难很多、难度很大，需要更加科学灵活的方法来判断关系资本投资的收益、成本与风险。

净现值 NPV（基于 DCF）在传统的投资项目产生的决策中已经成为主要的方法，而这正是因为费舍尔（Fisher）创立了未来现金流折现项目的价值评估模型。海耶斯和阿伯纳西（Hayes & Abernathy，1980）在早期就意识到了DCF 作为评估方法具有一定的缺陷，其对投资机会的错误估计在某些情况下会让投资崩溃。1977 年，迈尔斯（Myers）提出的实物期权理论把投资过程中的未来变量简化为与现时瞬间的确定性放在了同一平台上进行评价。现实环境的复杂性和影响因素的多样性、可变性导致了实际投资中的项目发展无法确定。随着社会的发展，尤其是技术的日新月异和社交生活的空前发展，关系资本变得如流体般难以捉摸，随时都在发生改变且毫无规律。

如上述所言，关系社会正是由于其本身的复杂性和多变性，导致了企业在争夺关系资本的过程变得复杂而充满了风险。但关系并不是虚无的存在，甚至在当今关系资本的重要性变得盛况空前后，关系资本变得很像是实物资本，"实物期权"这一名词应运而生。迪克西特和平狄克（Dixit & Pindyck，1994）指出实物期权是企业资产在很大的不确定下的一种投资手段和技巧。这种方法现在已经得到了广泛的应用，尤其是一些开发类的经济项目，但是企业中的实物期权模型投资决策尚处于空白阶段。

4.2.2 实物期权及其思想

（1）实物期权的概念。实物期权是一种实物投资的扩展，其基于金融期权理论，并与金融期权相对。实物期权在历史上是一步步发展起来的，多位教授通过联合发文以及研究逐渐创立了这一概念，最主要的是这个概念对社会经济的发展起到了不可磨灭的巨大作用。显然在社会发展中离不开物质的发展，物质的不变性改变不了物品的可变性，经济发展也需要科技维持，而科技发展又与金融运营息息相关，这里关系资本作为经济发展的衍生物，又在很大程度上影响了经济的发展。

（2）实物期权思想。实物期权并不是虚拟的期权投资，从狭义角度看来实物期权也是基于实物资产的，所以具备如下显著的特性：

首先，其投资是从长远出发，立足于未来的投资。获利并不具备即时性，因此充满了不确定性，但是变化的方向是有各种可能的，如果朝着有利于投资的方向不断变化，未来收益将会更加可观。

其次，实物期权并不是一种滚雪球式的投资，它具备的风险是有上限的，购买者自己不承担义务，可以根据环境变化以及自身情况随时作出选择。这就需要投资者的眼界。

最后，实物期权可以通过数据统计和分析等方式作出一些定量的概率性的估计，但实际上其不确定性很强，实际情况的飞跃式发展可以导致各种意想不到的情况出现，所以获利的高度具有很大的可变性。

综上所述，相对其他很多的投资方式，实物期权作为一种新兴的产物得到了各方面的关注，优势明显，所以在投资者眼里这一灵活多变充满不确定性的投资变得十分有趣且承担得起风险，所以受到广泛关注。

实物期权的发展和研究依靠的是头脑运行，不是采用数据的运算或者市场的分析，它需要一种可能不那么明确的思维建立和观察，各种各样的决策、发展都依赖于此。阿姆拉姆和库拉提拉卡（Amram & Kulatilaka，2000）把实物期权看作未来的权利，它具备的不确定性也许正是其价值所在。

（3）实物期权思想与企业的战略投资决策。企业的战略投资，是指能改变企业竞争地位、提升企业竞争能力、增强企业竞争优势的投资。伴随着现代市场竞争的不断加剧，战略投资已经成为企业投资的主要内容之一。企业战略投资决策把握着企业前进的方向和速度，在很大程度上左右着企业的生存和发展。然而，在大多数的战略投资决策的环境中都存有大量的不可控因素，它们具有不可逆、复杂多变、高风险等特点。这使得管理者在进行战略投资决策时困难多、难度大。

通过实物期权思想的引入，为企业妥善进行战略投资提供了一条可行之路。当企业的战略目标确定后，实物期权分析法能够将企业置于动态的经济环境中进行考查。关注企业在实现战略的过程中能够获取的期权，以及期权最大化地利用组合。以期权的思想强化不确定性的作用，为决策者适时、灵活地考虑经营环境、市场变化，及时调整投资规模、时机组合、目标领域等提供了理论依据。促使投资者重视投资时机的安排，推动投资者为持有未来发展机会的投资决策而投资。

实物期权理论的思维方式不仅可以为企业的战略投资决策提供指导，也可以推广运用于企业的战略决策规划中，即每一个战略决策都是后续战略决策的前提和基础，影响着企业未来的收益，故而每一个战略决策都可以以实物期权的思想来考虑。若一项战略选择给予企业进一步的选择是权利而非义务，就可将其视为战略期权。鲁赫曼（Luehrman，1998）提出了把战略设计成实物期权的组合，来反映事前分析环境的变化、企业自身的战略性行动以及竞争者的反应及行动对期权价值与决策执行的影响。如专利、特殊资产、技术、有价值的自然资源占有、管理资本、声誉或品牌、规模以及市场能力等，都可以通过有价值的期权进行执行，以适应变化的经营环境，从而提高企业的竞争力。

实物期权在战略投资的运用中，大体上可以分为两类：灵活性期权和成长性期权。灵活性期权，指投资或决策中所包含的灵活性因素给予了决策者权利，它包括延迟投资或决策的权利（延迟期权），放弃继续投资或后续选择的权利（放置权利），在多种决策方案之间进行转换的权利（转换权利），以及增加或削减投资规模或范围的权利（变更权利）。成长性期权，主要是指前期成功的投资或决策为企业带来的新的投资或决策机会。

实物期权理论为企业战略投资注入了新的思想，并不断改变着企业的战略投资决策的行为。实物期权战略投资的决策与传统战略投资的决策主要有以下区别：

第一，对待不确定性的态度。传统战略投资决策是以最小的投资来应对不确定风险，态度相对消极；期权战略投资决策则以最大化学习的方式，寻求从不确定环境中获取收益，面对风险态度积极。

第二，战略投资决策的目标和重点。传统战略投资决策强调战略规划，目标是现有业务的最大化，突出"正确地做事"；期权战略投资则强调战略思维，突出"做正确的事"。

第三，战略投资决策评价的方法。传统战略投资决策基本上都是以折现现金流分析法（DCF）为基础，期权战略投资决策则是以实物期权价值为基础进行分析，能够反映 DCF 所无法体现的战略管理活动的主动性、灵活性等柔性价值。

（4）关系资本投资决策的实物期权特征。企业是否应当对关系资本进行投资，对于企业经营本身而言也是一项战略性决策，其本身具有实物期权的特征。在合作过程中，企业借助关系获得了在合作中产生的例如时间成本的节约，技术方面的互相支持以及制度结构方面的学习等，这都会产生 $1+1>2$ 的优势。因此，我们对问题的讨论就可以通过实物期权来进行更高维度的思想研究。企业对于关系资本的投资决策所体现出的特点，同时是实物期权的特性所在。

第一，未来的高收益。关系资本除了上述所有的合作上的利益获得之外，还从长远上得到了更高的收益。例如，企业与企业的良好关系使得企业在目的上达成一致性，短期内可通过合作的方式使得各自在竞争中处于优势。但从长期角度看，企业可以通过关系的建立逐渐增加了解，企业互相的了解不仅可以促进互相的学习发展，还可以从对方身上找到缺陷，这样能逐渐消除企业本身结构上的问题等。当然这里的未来高收益远不止此。

第二，高度的不确定性。关系资本的建构是一项复杂的战略性投资决策，在风云变幻的市场上经营企业与企业的关系维系是复杂多变的，是赤裸裸的经济竞争，关系的建立仅是为各自企业的立足与发展。如果关系的建立削弱甚至丧失了其本来可以带来的利益价值，那么这段关系就会破裂。现实环境复杂多变也导致了经济关系的高度不确定性。

第三，收益的延时性。企业借助关系资本所带来的知识层次等方面的进步不是即时获利的，它的形成完善需要时间，获利也需要时间。所以关系资本的收益不仅是一种潜在的存在，很多时候非即时，所以这种现状往往会带来很多决策上的问题。

第四，决策的灵活性。关系资本的不确定性、延时性等特点决定了其灵活性。从长期投资的角度看，关系资本的建构和运作可以看作特殊的多期投资项目，具有多个投资决策点：企业在合作关系发展的某个时刻 T0 已有的关系投资规模为 K，企业决定以一定规模的关系投资来深化合作关系，使得企业获得在未来的 T1 时刻继续深化合作关系的权利，形成了最初的合作期权。若 T1 时刻网络环境稳定，则企业可以继续扩大关系投资规模来深化合作，扩大关系资本的存量，即行使看涨期权；若 T1 时刻网络内部发生了动荡，则企业可以选择放弃合作，只损失 T0 - T1 阶段的投资，即行使看跌期权；若 T1 阶段网络的发展态势并不明朗，则企业可以选择维持现状，保持关系资本的当期存量，留待 T2 阶段情况明朗之后再做是否投资决策，即行使递延期权。

关系资本的决策过程具有多种情况，由此产生了多种路径，图 4.1 所示的企业关系资本投资行为决策树可以很好地反映这一决策过程。在决策树中可以清晰地洞察企业在关系资本的建构和维护过程中每一个阶段需要面对的后续发展趋势和实际情景等势态。企业直面未来，发现未来的能力以及等待时机成熟的灵活度均得到了开发，而这都是由于期权的构建。所有的优势产生，都是期权本身在时间和性质上灵活度极高的体现。

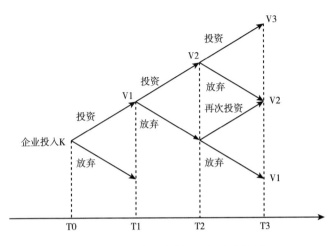

图 4.1 企业关系资本投资行为决策树

4.3 期权视角下的关系价值

　　企业间进行合作并形成关系之后，类似于在关系发展的进程当中产生了相应的实物期权。企业有多种选择，可以对原来的关系进行维持，可以通过对于合作企业进行投资来扩大双方合作的规模和领域，甚至在特殊的情况下，还可以彻底放弃之前的合作关系。企业选择是否执行关系期权的主要依据是企业对于投资收益的未来预期，也就是关系资本的价值。在实物期权导向下，关系资本的价值主要包括核心价值和期权价值。核心价值和关系价值间的关系十分紧密，核心价值是关系价值的基础内容，是良好的合作关系给网络成员带来的直接经济利益，表现为由关系产生的产品的改进、生产成本的下降、产品销售额的上升、利润的提升等。无法进行延迟或调整的过去，以及不能避免的关系投资是关系核心价值的主要内容，也就是企业进行沉没投资时所产生的投资收益，如果企业在投资的过程中选择了合作企业、使用了合作关系，对于合作企业投入了大量时间和资本进行沉没投资。那么企业对于这些投资的主要投资收益是，企业期望能够从合作关系中获得超额利润。产生核心价值的关系投资在时间上是不能变动的，如果已经确定了的投资，那么可以用相应的方法进行评价和评估。对于投资收益核心价值的估算，许多研究当中都给出了相应的方法。

期权价值是关系网络的价值创造潜力，是企业对于继续维持与合作伙伴的良好关系所能获得的未来经济利益的估量。关系的期权价值来源于网络内部的资源配置、分工体系、市场结构的重构与优化，即关系网络的系统性优势所产生的价值。依托关系网络的系统性优势，企业在与合作伙伴长期合作的过程中，通过重复交易与合作来获得超额收益。关系的期权价值具体表现为以下三个方面。

4.3.1 未来市场价值

这里所论及的未来市场价值，是一种潜在的价值，而非合作各方想要达成的显性收益目标。这种未来市场的价值伴随着相当程度的不确定性，它既是由于外在不确定性，诸如需求不确定性、供给不确定性造成；也来源于内在不确定性，即技术发展的不确定性，以及合作各方实力对比变化的不确定性。甚至于有相当部分的未来潜在市场价值并没有被合作各方所意识到。

其一，关系合作为各类不同性质和特点的资产组合提供了大量的结合可能性。单一的企业所拥有的资源，包括人力资源、物力资源以及技术经验资源，其性质基本一致，易于量化确定，界限清晰，能够促使企业在显性市场价值上进行拓展和积累，但却在一定程度上失去了广泛性和灵活性带来的其他获利机会。关系合作则提供了异质资产进行组合的机会，来自不同企业的不同资产之间可能会存在互补互利的特点，从而为挖掘单个企业无法胜任或忽略的市场价值创造了机会。

其二，关系合作使得单纯的市场关系为复杂型的交往关系所取代，为各种复杂型的关系，诸如人际关系、文化关系、政治关系等在单纯市场上难以成为获利工具的关系，在长期交易与合作的过程中发挥功效为取得市场业绩创造了机会。事实证明，企业间合作绩效的好坏，受到这些复杂型关系的影响往往超过了市场因素。

　　企业间的合作必须要能为合作各方带来收益，但其价值并不仅限于此。关系像一种有机生命体系，它能够在其自身创造的各种可能性中逐步演化发展。因此，期权型价值的重要性在于，它提供给了合作各方把握未来发展机会的可能性。因此，关系价值的核心，更多地落在"合作创造价值"而不是"交易换取价值"之上，合作各方给联盟贡献的技能、经验、设备都成为"合作价值"的重要组成部分。但是，关系的价值并不能被正规的组织体系所完全掌控，它更依赖于关系网络和企业间的关系治理机制。

4.3.2　企业能力互补价值

　　企业能力体现了企业的综合实力以及各方面的素质，这在某一方面是相似的，可以通过人的日常行为，在一个人日常活动当中体现。企业能力包含在企业的各个层面上，不仅受企业的技术因素影响，还需要适应企业的组织以及管理结果。企业能力的承载物质和具体表现是人力资源。虽然企业对于自身在能力方面掌握了许多信息和资料，但是大多数企业还没有对企业核心能力当中的因果关系进行具体分析，虽然企业可以学习其他竞争企业的某种技术，但是不能在短时间内对于竞争企业的协调，以及系统配合技术进行学习和掌握。基于此，可以通过跟其他企业合作，最终形成能力互补关系，这样就会让企业跟企业之间的长处得到发挥，对企业来说是有很多益处的。首先，企业能力有着不可交易和不可替代的特点。企业能力的发展往往伴随着企业的发展，虽然企业管理人员和外部市场能够感受到企业能力的存在，而且其具有确切的价值，却无法通过市场交易直接获得，不能由其他的资源所取代。企业的能力还包括异质性和不可仿制等特点，可以促进企业和其他企业之间进行学习、彼此交流、共同提高核心能力。通过建设企业之间的关系网络，可以促进企业和企业之间核心能力的互相借鉴与学习，从而实现企业之间核心能力的共同发展，并进一步开拓市场，促进企业综合实力的共同发展。

4.3.3 分工提升价值

在关系合作过程中，各个企业作为独立结点而存在并发挥作用，但各个企业的作用与地位存在差异。这种差异有可能是合作过程中逐渐形成，也可能是在合作关系建立初期谈判的结果。总之，正是由于这种差异的存在，使得企业间依托关系网络形成了依据能力特点、地位差别形成的分工系统。这样可以使关系网络内各类合作伙伴充分发挥自身特点与优势，有组织、有步骤、有计划地实现关系网络目标。同时，这种分工给关系网络带来了额外的价值增值。关系网络中的企业可以是大企业，也可以是小企业，关系网络的表现形态各异，发挥着不同的作用。但在一些企业网络中，存在着明显的网络中心。这些核心企业在企业关系网络中具有很强的控制力或影响力，往往直接控制着其他参与方的活动。在另一些企业关系网络中，各个成员是平等的合作关系，极少有核心企业既在内部的管理、生产与分配等方面具有独立性，又与其他企业协同合作以应对关系网络外激烈的市场竞争。

因此，实物期权视角下的关系价值包括三个方面的含义：首先，关系价值是双方的，对合作双方都有价值，只是具体表现形式有差异，任何一方网络成员获得的价值取决另一方网络成员的行为；其次，关系价值是关系带来的当期利益和未来利益的净值，它包括了获取和维持关系的成本，如关系的专有投资、关系管理的时间成本和交易成本、直接产品成本和经营成本；最后，关系价值集中在未来收益，抓住了关系的时间纬度，关系决策者在制定关系决策时要以未来的收益作为决策依据，从而增加了关系决策的管理灵活性。因此，实物期权视角下的关系价值可以定义为，关系生命周期内关系给网络成员带来利益的全部价值，它可以用净现值来衡量。

4.4　基于实物期权思想的关系资本投资期权价值计算模型

4.4.1　模型的构建思路

企业选择与合作伙伴保持合作关系的标准是能否从该关系中获得最低期望收益。如果合作时的收益低于企业的预期标准收益，企业可以选择中断现有的合作关系。关系价值是网络成员之间相互作用产生的预期收益，是长期的、未来的收益，具有不确定性。这种不确定性主要表现为企业间的关系冲突对于合作效率的破坏，即关系价值存在一定的风险性。因此，传统的净现金流分析方法不能反映出关系价值的不确定性，关系决策者需要在关系价值、关系冲突风险和关系投资额度之间进行权衡。关系资本是由能产生收益的关系的当前专有投资和潜在专有投资构成的，有些关系投资（如启动成本）可以用传统的净现值方法来评估，而扩大关系、改变关系合作伙伴和中断关系的投资是与关系决策者管理投资的灵活性相关的，具有实物期权的特性。因此，在评估关系资本的长期性战略价值时，采用实物期权方法来对关系资本的价值进行评估更加符合管理实践，能够为企业决策者提供更准确的决策依据。

对于实物期权理论进行分析可以知道，一个项目的价值等于项目的 NPV 和灵活性价值的加和，对于灵活性价值进行分析时，可以使用灵活性期权分析的方法，主要包括了扩张延迟以及放弃期权等方法。这一方法在投资决定当中的应用主要体现了高风险，以及对于不确定环境的动态完善的思想，主要作用是能够对于不确定事件的发展情况进行跟踪，从而进行合适的投资行为以及对于投资进行管理，在最大限度上增加投资的经济效益、减少因投资带来的资金损耗。从战略投资角度看，关系资本的投资过程体现了多阶段以及逐渐进行的特点，企业都有着不同的决定权利，还需要考虑决策灵活性而带来的投资价值，可以对于收入成本进行更为灵活有效的权衡和把握；在每一个投资阶段都会产生包括负面和正面的投资效果，和企业运用的两种期权是相似的。实物期权定价一般有 B－S 连续模型和两种方法。二叉树离散模型是在离散时间的情况下，如果假设标定的资产价格只能上升或下降，而且保持稳定的波动幅度以及可能性，可以对于期权的有效期进行划分，分为多个阶段，按照资产的历史波动率进行模拟，得到资产在有效期内的发展情况，通过风险中性定理对于实物期权在投资末期的情况进行分析，得出实物期权的具体价值。B－S 连续模型是在连续时间状态下，一般假定标的资产价格可以运用几何布朗运动进行分析，在进行分析的过程当中，需要建立随机游走模型，然后对于实物期权价值运动所按照的偏微分方程进行推导，最终得出实物期权定价模型，方便对于实物期权价值在投资周期当中的变化进行分析。

二叉树模型是在风险中性的假设之下建立的，将企业的期权简化为投资与放弃两项，对于实物期权价值的计算也更为简便，因此二叉树模型更适合模拟企业在关系冲突风险相对恒定状态下的价值评估过程，它能够表现企业对于关系资本价值计算的基本模式。B－S 连续模型则更能体现出风险因素对于期权价值的影响，除了投资与放弃两项基本期权，还能够彰显延迟期权的价值，更适合模拟关系冲突风险多发、易升级、易扩散的网络背景下的关系价值评估过程，能够表现企业对于关系资本价值计算的权变模式。因此，通过构建多阶段二叉树实物期权模型和 B－S 连续实物期权模型对解释企业对于关系资本价值的理性计算过程具有重要意义。

4.4.2 关系资本价值计算的二叉树模型

企业间的合作是一个长期过程，企业之间建立良好的合作关系，可以为企业的长期发展以及市场的开拓发挥重要作用。在企业付出相应的权利金之后，如果合作企业的合作效果能够使得企业满意，那么就会增加继续合作的可能性，使得企业在未来的投资中获得更大的收益，否则企业就会中断这种合作关系。这对于企业的投资来说，既是激励也是约束。以下期权模型对企业的关系资本投资决策过程进行了详细分析：

第一，可以把整个合作过程分为若干个阶段，为了之后的分析比较方便，可假定合作过程分为四个阶段。对于关键变量进行确定，作为每一个阶段的合作成功概率。q_i 表示了这一过程当中的合作实现了双方的合作目的，增加了进行下一阶段合作的可能性。由于关系资本具有累加性的特点，因此合作成功概率和时间之间呈递减的正比增加；t_i 指的是在某一个阶段合作需要的时间，体现了这一阶段到合作完成时需要的时间；S 指的是合作所创造的价值，我们可以将项目各阶段的实际情况分为成功和失败两种。如果这一阶段达到了合作目的，那么就是成功的，可以进入下一阶段；如果这一阶段没有达到合作目的，那么这一阶段就是失败的，需要对这些的价值进行清算，企业也会因此而中断合作关系。所以我们从第四阶段进行计算，就可以对前面每一个阶段的合作价值进行推算，具体的公式如下：

$$S_-^+ = \frac{S_{i+2}^+ q_{i+1} + S_{i+1}^- (1 - q_{i+1})}{(1 + R)^{t_{i+1}}} \tag{4.1}$$

由此，可以画出图 4.2。$F(S_0, V_0)$ 为合作开始时的期权价值。

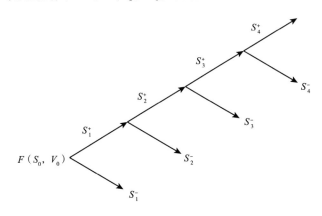

图 4.2　关系资本实物期权的二叉树模型

第二，把每一个阶段的实际成功概率转变为风险中性成功概率。风险中性假设的基础是无套利均衡分析，无套利均衡分析的核心内容是对于风险中性概率进行构造，运用这一概率计算方法可以对于资产的未来价值收益进行计算，再通过无风险利率折现，就能够确定合作期权的最终价格。

对于每一期项目的价值变化情况进行评估，假定 X 表示项目刚开始时的期权价值，X^+ 项目完成之后的期权增加价格，X^- 项目贬值之后的价值，根据实际的定价技术以及风险中性假设进行分析后，有：

$$X = pX^+ (1 + r)^{-t} + (1 - p)X^- (1 + r)^{-t} \qquad (4.2)$$

其中，p 为风险中性概率；r 为无风险利率；t 为时间。

式（4.2）中 $X(1+r)^t = pX^+ + (1-p)X^-$。

$$p = \frac{X(1 + r^t) - X^-}{X^+ - X^-} \qquad (4.3)$$

通过式（4.2）可以对于各个过程的风险中性概率进行计算，计算公式如下：

$$p_i = \frac{S_{i-1}^+ (1 + r^t) - S_i^-}{S_i^+ - S_i^-} \qquad (4.4)$$

对上述步骤进行重复操作后，利用风险中性概率以及无风险利率，可以对各个过程的项目价值进行推算，在计算过程中除去各个过程的现金流出，最终可以求出合作期权的具体价值：

$$V = \frac{p_1}{(1 + r)^{t_1}} S_1^+ + \frac{1 - p_1}{(1 + r)^{t_1}} S_1^- + \frac{p_1 p_2}{(1 + r)^{t_1 + t_2}} S_2^+$$
$$+ \frac{p_1 (1 - p_2)}{(1 + r)^{t_1 + t_2}} S_2^- + \cdots\cdots \qquad (4.5)$$

4.4.3 关系资本价值计算的 B-S 期权模型

基于关系网络的复杂性、动态性和松散性，合作的真实效率通常会和企业的预期结果有差距。在企业进行一定程度的投资之后，一旦感知到关系网络当中存在严重的关系冲突风险时，企业便可以对于期权进行推迟，这就使得企业能够拥有对于和合作伙伴的交易以及项目投资进行推迟的权利，可以对企业的经济利益进行保护，降低企业产生资金损失的风险。尤其是如果企业感知到关系冲突的风险极高时，甚至超过了关系的未来收益时，企业手中的推迟期权将演变为放弃期权，即企业将放弃这段关系。

对于关系生命周期理论进行分析后可以知道，企业和企业网络进行合作并获得相应的经济利润的过程，是一个长期的过程，需要对于每个阶段的结果进行累加。因此，本书就可以假设参与网络合作的决策是一个漫长的过程，这每一个过程当中产生的资金或价值变化都和几何布朗运动保持一致，可以定义为：

$$\mathrm{d}v = av\mathrm{d}t + \sigma v\mathrm{d}z \tag{4.6}$$

对于参与或不参与网络合作的决策进行无限期的推迟时，这就表示期权执行的到期日没有具体的边界条件，期权的价值和时间之间没有具体的关系。使用伊藤定理，并按照期权定价模型就可以推出相应的二阶微分方程，从这一方程当中就可以知道期权的价值和时间之间并没有明显的关系，方程如下：

$$\frac{1}{2}\sigma^2 v^2 \frac{\mathrm{d}^2 f}{\mathrm{d}v^2} + (r-\delta)v\frac{\mathrm{d}f}{\mathrm{d}v} - rf = 0 \tag{4.7}$$

二阶微分方程的边界条件为：

$$F(0) = 0 \tag{4.8}$$

$$F(v^*) = v^* - I \tag{4.9}$$

$$F'(v^*) = 1 \tag{4.10}$$

式（4.8）表示如果合作价值为零时，那么对于网络关系资本的投资就不会产生任何经济价值，期权的价值也就为零。式（4.9）给出在现时点 T 时，推迟或实施项目的临界值（v^*），因在临界值上 $v = v^*$，则有 $F(v^*) = v^* - I$。

式（4.10）给出了 Smooth – pasting 条件，对临界值（v^*）有 $F'(v^*) = 1$。

实物期权的价值二阶微分方程式的解为：

$$v^* = \frac{\beta}{\beta - 1} I \tag{4.11}$$

$$F(v) = \frac{(\beta - 1)^{\beta-1} v^{\beta}}{\beta^{\beta} I^{\beta-1}} \tag{4.12}$$

$$\beta = \frac{1}{2} - \frac{(r - \delta)}{\sigma^2} + \sqrt{\left(\frac{r - \delta}{\sigma^2} - \frac{1}{2}\right)^2 + \frac{2^r}{\sigma^2}} \tag{4.13}$$

式（4.11）提出了实施合作的具体条件；式（4.12）对于投资条件这一定条件下的情况进行了描述，对于实物期权价值和网络合作价值的关系进行了分析；式（4.13）对于数学表达式当中的参数进行描述，参数主要由投资项目的期望收益率、现金收益率以及关系冲突风险指数等方面组成。

由上述分析可知：在动态环境下，关系冲突的风险指数 σ 是决定企业行使扩张期权或是放弃期权的主要因素。由式（4.11）可知，v^* 恒大于 I，企业行使扩张期权的条件是：$v^* > \beta I / (\beta - 1)$。

对式（4.13）求解可知，有 $\beta > 1$，则 $\beta / (\beta - 1) > 1$，因此 v^* 会随着关系冲突风险指数（σ）的增加而不断增大。

由式（4.13）可推导出，$\mathrm{d}\beta / \mathrm{d}\sigma$ 为负，而 $\mathrm{d}\beta / (\beta - 1) / \mathrm{d}\beta$ 也为负，所以 $\mathrm{d}v^* / \mathrm{d}\sigma$ 为正。

综合上述分析可知，关系冲突的风险指数（σ）越大，企业进行投资的临界值（v^*）就越大，企业实施扩张期权的可能性也会随之减少或者推迟。而当企业进行投资的临界值（v^*）超出了企业自身的支付能力上限或者超出了预算范围，那么企业就应当行使放弃期权。当关系冲突的风险指数（σ）无限趋近于 0 时，企业进行投资的临界值 v^* 也会随之无限趋近于投资 I。因此，企业未能感知到关系冲突的风险指数（σ）或者感知到的关系冲突风险指数极低时，只要合作价值 $v \geq I$ 即可进行合作。

4.5　基于实物期权思想的关系合作策略

通过上述的关系资本价值计算模型的模拟与推导可以看出，关系资本的价值与关系冲突的风险是决定企业投资行为的两个核心因素。依据关系资本的价值和关系冲突的风险高低，可以得出三种基本的实物期权类型——扩张期权、延迟期权与放弃期权。根据这三种基本实物期权类型并结合关系资本价值和关系价值风险的具体情况，可以得出以下四种基本的关系类型。

4.5.1　战略成长型关系

该模式拥有较高的关系价值和较低的关系冲突风险。在该模式下，关系资本投资的边际收益极高，并且投资额度也低，企业对于合作关系的投资意愿很高，愿意行使扩张期权，投入大量的资源和时间以获得稳定的价值回报。并且，企业不断投入的资源还会形成关系的专有资产，能降低成本、提高效率，合作伙伴间的关系的密切能够提高关系治理机制的效能，从而进一步降低期权价值的不确定性，形成"关系投资—治理强化—风险降低"的正反馈机制，使得关系资本的价值呈几何式增长。因此，在这种关系模式下除了保持战略稳定性外，还可能会呈现一种成长的趋势。

4.5.2　离散交易型关系

该模式拥有较低的关系价值和较低的关系冲突风险。虽然企业感知到的冲突风险并不高，但是由于关系价值较低，企业投入的时间和资本投资明显无法获得合理的回报，投资的边际效益较低。在该关系模式下，企业可以采用的最有效合作方式是行使延迟期权，与合作伙伴进行离散型交易，即仅与合作伙伴进行市场框架内的公平交易，维持现有的关系状态，降低关系投资的水平。同时企业需要密切关注市场的发展状况，并根据其变化来进行中断或扩张现有关系的决策。

4.5.3 僵持恶化型关系

该模式拥有较低的关系价值和较高的关系冲突风险。在该模式下，由于企业感知的关系冲突风险高而关系所能带来的价值收益较低，该合作关系的价值为负，形成了"关系负债"。企业可以采用的最有效合作方式是行使放弃期权，立即停止对合作伙伴的关系投资，并做好退出这段合作关系的准备。同时，企业需要密切关注合作伙伴的行为和关系网络内部的局势，并根据其变化进行中断或维持现有关系的决策。

4.5.4 混沌演变型关系

该模式拥有较高的关系价值和较高的关系冲突风险。在该模式下，虽然与关系伙伴的合作存在着较高的预期价值。但与此同时，企业感知到的关系冲突风险也很高，一方面企业难以对关系的"真实价值"做出明确的判断；另一方面较高的冲突风险也会增加企业的投资额度。在混沌演变型的关系之中，如果企业或者网络内部的其他成员能够有效地遏制关系冲突对网络价值创造效率的负面影响，那么该关系就会演变成有价值的关系，随着企业对于关系的维护与投资（即行使扩张期权）而逐渐演变为战略成长型关系。如果企业或者网络内部的其他成员无法有效地遏制关系冲突对网络价值创造效率的负面影响，那么该关系就会因为企业的忽视和放弃（即行使延迟和放弃期权）而进一步贬值，最终演变成离散交易型关系甚至是僵持恶化型关系。因此，混沌演变型关系并不是一个稳定的关系状态，这种关系会随着企业对于关系投入演变成其他三种稳定的关系模式。具体情况如图4.3所示。

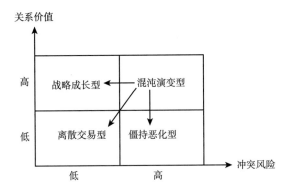

图 4.3　基于价值 – 风险划分的关系类型

　　这四种关系类型所对应的期权类型与相应的关系合作策略的对应关系，
如表 4.1 所示。

表 4.1　　　　　　　　　实物期权导向下企业的关系合作策略

关系类型	价值 – 风险状态	期权类型	关系合作策略
战略成长型关系	高价值 – 低风险	扩张期权	增加关系投资
离散交易型关系	低价值 – 低风险	延迟期权	只进行市场交易，不进行关系投资
僵持恶化型关系	低价值 – 高风险	放弃期权	停止关系投资，做好退出准备
混沌演变型关系	高价值 – 高风险	延迟期权	静观其变

第 5 章　关系冲突情境下企业的权变
决策与行为逻辑

当前，关系合作网络已经成为企业跨越式发展的重要"风口"。企业可以借助关系网络整合资源、构建网络化生产体系，充分享受网络再分工和价值系统重构所带来的超额收益，实现网络化成长。然而关系网络的演化并非是安静的涓涓小溪，在风平浪静的表象之下往往潜藏着危险的暗流漩涡。随着网络规模的扩大和网络互动的深化，企业间的摩擦和分歧也越来越多，使得关系网络成为一个包含诸多诱因的"冲突集"。关系冲突的爆发会引发网络的剧烈震荡，导致原本欣欣向荣的关系网络直接陷入"停摆"，甚至在很短的时间里分崩离析。目前针对关系网络的研究大多是从静态的视角研究网络的宏观属性对企业行为和绩效的正面影响，对于关系冲突的负面效应和网络演化的内在机理关注不足，无法准确地解释关系网络"兴勃亡忽"的怪异现象。从微观视角来看，网络演化是网络内部所有个体行动者不断变化的意愿与行为相互作用的结果，企业在面对关系冲突时的动态价值判断与行为选择更值得关注。本章以企业网络化成长作为研究背景，从关系权变价值视角研究企业网络化成长中的关系冲突、价值判断与行为决策，期望解决以下两个理论和现实问题：一是揭示企业在关系冲突情境下的动态决策过程，从微观层面解释企业"朝秦暮楚"的"行为偏好反转"之谜；二是揭示关系网络不稳定的内在机制，从宏观层面解释关系网络"兴勃亡忽"的"网络状态跃迁"之谜。

5.1 先前研究的不足

当前针对关系冲突下企业行为决策的研究基本上是从消极角度开展的，多数学者认为关系冲突会抑制企业共享信息、投入资源等合作行为（Kelly & Peters, 1977; Cronin & Baker, 1993; Frazier, 1983），激发企业的机会主义行为和退出倾向。不过，有少数学者的研究表明，关系冲突也可能是建设性的，关系冲突反而会促使企业抛弃分歧，加强合作（Morgan & Hunt, 1994; Leonidou, Talias & Leonidou, 2008）。这两种截然相反的观点表明，现有研究并不充分，还存在某些关键变量并未被考虑到。

关系营销理论认为，企业间建立关系的初衷是为了获取持续的关系租金超额收益，关系的价值是企业行为意图的决定性前因（Hutchinson, Wellington, Saad et al., 2011; Gassenheimer, Houston & Davis, 1998）。冲突的爆发和升级势必会影响企业对于关系价值的感知和评估，进而影响企业的选择，但是却鲜有研究者关注关系价值在冲突情境下企业行为决策过程中所扮演的角色。关系规范会约束企业在冲突情境下的关系破坏行为已成学界共识（Lusch & Brown, 1996; Palmatier, Dant & Grewal, 2007; Spinelli & Birley, 1998）。然而，某些学者的研究却表明关系规范在冲突的高级阶段收效甚微（Antia & Frazier, 2001），正式的契约和惯例并非是冲突情境下企业行为的唯一约束因素。普莱西和邱璇（Pressey & Xuan Qiu, 2007）发现，在中国的商业关系中，介绍人的参与和人情、面子等社会规则会形成一种内生的网络压力机制，迫使企业采取更加温和的冲突应对行为。因此，要建构充分的理论合理解释企业在关系冲突情境下的行为逻辑与行为决策过程，必须将关系价值和关系压力纳入企业冲突回应行为的研究框架。

理性行为理论认为，人类的行为决策都是在理性评估了行为的价值和成本，以及综合考虑了社会规范之后作出的，主观的价值判断和客观的制约因素共同决定了人们的行为选择。本书认为，企业在关系冲突下的行为逻辑并非因循唯利是图的市场逻辑，而是综合考虑了利益和关系的混合逻辑，企业在关系冲突下的决策过程也并非简单的刺激——反应模式，而是在利益判断的基础上结合社会环境的综合考量。本章以中国文化作为研究背景，从关系压力的视角研究企业在关系冲突情境下的价值判断与行为选择，分析企业面对冲突时的决策机制与行为逻辑，为中国企业的关系冲突管理实践提供指导性建议。

5.2   概念探讨

5.2.1   感知冲突

对于企业合作当中的冲动来说，主要包括结构观和过程观两种模型。对于结构观进行研究，主要的研究重点是对于各个企业之间的相互依存以及不相容性进行研究分析。这一研究过程是把冲突作为一个动态化的过程。对于过程观进行研究，冲突过程模型与结构模型相比，一个重要的突破内容是对于感知过程和情感在冲突当中的重要作用进行了强调。国外研究学者提出了冲动发展阶段的动态模型，在冲突感觉和感知过程的基础上加入了潜在和显现冲突两个环节。在这一研究基础上，郑和马洪尼（Jeong & Mahony，2008）对于冲突过程进行划分，主要包括冲突原因输入、导致冲突的具体原因、冲突的感知与结果四个内容。

庞迪（Pondy，1967）认为，不能仅仅对于冲突的条件态度行为等方面进行确定，还需要对于冲突条件态度认知等方面的关系进行分析，主要因为这些理论观念都是冲突过程当中的一个方面。研究人员认为冲突演化过程当中体现了联系。也就是说，在冲突过程的角度当中，对于冲突发展过程的探讨实际上是和冲动前因的探讨是相同的，主要因为冲动发展过程当中的任何一个环节都是下一个环节冲突发展的原因。

科斯嘉德、郑和马洪尼（Korsgaard，Jeong & Mahony，2008）在这些研究

基础上将冲突产生的原因划分为要素输入、行为，以及意义创造三种类型。要素输入主要是冲突形成的最初原因，使得冲突当中的个体保持在容易发生冲突的环境当中；而行为是不同个体在行为方面上表现的不同，可以引发冲突；这些行为在意义创造的过程当中，能够使得事件当事人对于具体情境和责任进行感知，并且可以对于冲突过程中的具体行为进行判断，从而引起发生冲突的情感认知方面的表现，主要包括沮丧、生气等不好的情绪。由上述讨论内容可知，冲突不仅是一个由原因导致结果的简单过程，更包括许多复杂的环节。在对于个体的感知情况进行考虑之后，客观事件和感知冲突之间没有直接的联系，冲突参与者的反应有可能和预期的反应是不相同的，这体现了冲突参与者的个人特点。同时，在整个冲突的过程当中都包含了对于冲突的感知，这不仅是冲突的一个环节或内容。冲突在条件和环境合适时就会发生，每一个冲突参与者都会在冲突发生的过程当中经历冲突的感知变化。所以冲突的结果是冲突参与者能够感知，并且发展到某一个阶段的最终形式，主要结构如图 5.1 所示。

图 5.1　感知角度的冲突发展过程

　　在图 5.1 中，冲突演变过程当中的每一个环节的元素输入都有可能导致冲突，每一个环节的结果都会对于下一个环节产生影响。冲突过程当中的关系会由于条件情绪和行为等因素产生变化，还可以被其他趋势所影响。并且由于冲突在每个过程当中的发展过程都会受到前一个冲突发展过程的影响。所以，许多冲突并不会经历全部的阶段而最终产生，它可能在发展到某一个阶段就会被关注并解决。

　　随着竞合成为企业间的主要合作方式，冲突与合作的共存已经变成了现代企业间关系的常态。从冲突过程观的视角来看，冲突就是一个连续不断、循环往复的过程，每一段合作关系实际上都处在冲突发展过程中的某个阶段，在特定的条件催化下向下一阶段进化，冲突的破坏程度随着冲突阶段的演进而不断上升，在显性冲突阶段达到顶峰。所以，企业对关系冲突的感知自关系建立伊始便存在，冲突对于企业间关系的影响贯穿关系的整个生命周期。

贡斯基（Gaski，1984）认为，关系冲突是企业感知到合作伙伴会阻碍其目标实现后的紧张状态，是一种主观的判断。也就是说，企业间是否存在关系冲突是知觉问题，如果企业没有意识到，那么就不存在关系冲突（Rosenbloom & Larsen，2003）。因此，当前对于关系冲突的测量多是从感知角度开展，测量的是企业感知到的冲突水平（Bodtker & Jameson，2001）。布德克尔和詹姆森（Bodtker & Jameson，2001）认为，负面情感和特定事件是企业感知关系冲突的媒介。企业在冲突中的负面情感最终会表现为对合作者的态度，而网络成员间的恶性互动则是关系冲突最鲜明的体现。因此，感知冲突应当从恶性互动和企业间态度两个方面来衡量。企业间态度是指企业间的敌意水平，恶性互动是指企业间的攻击行为和反击行为的频率。

5.2.2 关系权变价值

关系营销学派认为在长期交易关系中，关系能够为合作双方带来独特的竞争优势，提升企业的交易收益，所谓关系价值，就是企业感知到的合作关系所带来的积极经济影响，可以定义为在与合作伙伴进行的交换中得到的好处和降低成本的总和（Poulin D.，Pels J.，Beauregard R. et al.，2009）。从价值特性来看，关系价值是由受益者判定的，且受到关系情景因素的影响，具有主观性和动态性。从价值来源上来看，关系价值的基础逐步延伸，从以产品和服务为核心逐渐演化为以网络经济效应为核心。

随着关系网络的建构、发展与稳固，企业间的价值共创活动逐步由二元关系中的双边互动演化成网络组织中的群体协作，企业间的价值创造遵循梅特卡夫法则，会随着网络规模的扩大和网络互动的深入呈几何式增长。在这种情况下，网络的价值创造效率和潜力高度依赖于网络化生产体系的稳定，而网络内部的动荡和混乱会严重干扰网络组织的生产进程，使得原本持续贡献租金收益的关系资本突然变为严重拖累企业的关系负债，关系的价值会随着网络环境的变化而反转。因此，网络内部环境对于关系价值有着深刻的影响，关系价值具有鲜明的权变性特征。

在高度依赖协作而又缺乏权威控制的网络组织中，关系冲突是引发网络动荡的主要原因，也是企业间价值创造和分享的最大威胁，企业对于关系价值的计算和评判必须要充分考虑到关系冲突爆发和扩散的破坏性影响。网络视角下的关系价值衡量不能简单地沿袭二元范式研究的结论，从静态视角将关系价值看作收益与成本之间的权衡，而是必须将收益与风险结合在一起进行动态的综合考量。由于关系冲突爆发的突然性、波及范围的不确定性、后果的不可预测性，企业难以全面、系统、客观地衡量关系冲突的客观风险水平，只能依赖企业的主观判断来评估关系冲突的危害，即关系冲突的风险感知。因此，在网络环境下，关系价值的"真实"价值实质上是网络关系价值在抵消了关系冲突风险感知之后的净值，本书称为关系权变价值。

第一，网络背景下的关系价值。关系营销学派认为在长期交易关系中，关系能够为合作双方带来独特的竞争优势，提升企业的交易收益。所谓关系价值，就是企业感知到的合作关系所带来的积极经济影响，可以定义为在与合作伙伴进行的交换中得到的好处和降低成本的总和。从其特质角度看，关系价值是由受益方来评定，且受到关系环境的制约，它既主观又变化不定。从其来源分析，关系价值从初步的产品和服务为中心的二元价值发展到以网络经济效益为中心的复合关系价值。

目前，对网络背景下的关系价值来源进行的研究是从两个视角来开展的——价值网络理论和交易成本理论。价值网络理论认为，企业是价值要素的集合，企业网络化的本质是资源、信息、知识、能力等价值要素的网络化。网络成员企业内部的价值要素以关系网络为平台跨越企业边界汇聚成"网络要素池",在网络化生产的过程中重新分工组合,产生规模经济和范围经济,导致网络生产曲线的边界外推,形成基于网络的价值要素耦合效应。这种价值要素的耦合效应会随着网络规模的扩大和成员间互动的深入呈几何倍数增长,是网络经济正态效应的根源。交易成本理论认为,企业间关系网络作为一种介于市场和企业之间的制度安排,能够通过关系契约机制强化企业间的互信,借助关系治理机制来约束企业的机会主义行为,从而降低企业间的交易成本。因此,本书综合价值网络理论和交易成本理论的研究成果,从价值要素耦合效应和交易成本缩减两个角度来界定网络背景下的关系价值。

第二,关系冲突风险感知。良好的关系资本是企业在网络化生产和价值创造中的关键支持,而关系中的冲突可能成为企业网络化发展的主要风险点。若关系冲突未得到妥善管理,可能破坏网络的稳定,干扰其正常运作,导致资源整合困难、集体认知混乱、网络框架失调、能力结构断裂和规则不再约束,从而削弱关系资本的效益,对企业的生存和发展产生不良影响。关系网络的特性包括环境的复杂性、多方参与以及缺乏严格的约束。如果潜在的关系冲突失控并转化为明显的冲突,可能会导致冲突的加剧和影响范围的拓展,进一步带给企业更大的损害。所以,关系冲突对企业带来的实际风险主要有两个方面:其对关系资本效率的影响以及冲突可能的升级和扩展。企业对关系冲突的风险感知应基于这些实际风险来进行评估。风险感知是人类的感知对客观风险的反映,企业针对关系冲突的风险感知应该以客观风险为基础。本书基于蔡双立(2013)提出的"企业网络关系资本构建要素模型"和消费者行为决策理论的风险感知模型,从两个维度来刻画网络环境下企业针对关系冲突的风险感知:一是关系资本效能丧失风险,包括资源、能力、结构、认知、规则五个方面;二是冲突的涟漪效应风险,包括纵向涟漪效应和横向涟漪效应两个方面。

5.2.3　关系压力

西蒙（Simon）认为，人的行为选择必然会受到与其他个体之间关系的影响，对人类理性决策的研究必须要在相应的组织背景下进行。在中国网络组织中存在着错综复杂的合作关系和独特的关系文化，使得网络组织存在着一种内生性的力量，深刻地约束和规范着企业的行为选择，本书称为关系压力。

第一，中国网络组织中存在着一种独特的介绍人机制，形成了个体层面的关系压力。熟人介绍是企业之间建立关系和互信的重要方式，介绍人这种"隐形第三方"的存在就决定了许多中国企业之间的关系从建立伊始就是一种"隐形"的三方关系。如果双方在合作过程中出现问题，通常会通知和咨询介绍人，由介绍人充当调解人和仲裁人。介绍人的存在一方面有利于合作企业间化解分歧与矛盾，使成员按照彼此的期望行事，提高成员同舟共济与深化合作的决心；另一方面，介绍人的存在使企业的关系行为决策变得更加复杂。企业在进行关系决策时，不仅要考虑其行为对自身与合作伙伴之间关系的影响，而且还要考虑其行为对自身与介绍人之间的关系的影响。能担当介绍人的企业或个人或是拥有相当的名望、地位和资源，或是与被介绍企业之间有紧密的关系，介绍人对于企业的价值和影响力有时甚至会超过合作伙伴。因此，因为对合作伙伴采取消极行为而影响到自身与介绍人之间的关系是企业不愿意看到的最恶劣后果（Walker，Kogut & Shan，1997）。

第二，基于强关系建构、崇尚集体主义文化的中国网络组织中存在着显著的群体制裁机制，形成了群体层面的关系压力。中国企业商业关系的建立以亲缘、友缘、趣缘等个人关系为先导，人际层面的关系规范会随着企业间人员的互动渗入企业间的关系之中，对企业的行为产生影响。黄光国（Hwang，1987）认为，人情是中国人交往的基本规范，是建立与维系关系的重要原则。人情规范包括两个方面：一是日常互动中的长期互惠，即在物质与感情上有来有往；二是在危难时刻的支持援助，即在他人遇到困难之时，应当给予帮助，不可落井下石。这两个方面都会对企业的行为选择产生影响：首先，合作企业在日常的合作与交往之中，无论是个人之间，还是企业之间，必然会彼此欠下一定的人情，形成偿还的心理契约。在面对不利局面时，这种心理契约会促使企业选择采取更加积极的行为来作为"人情债"的报偿。其次，危难支援的要求构成了道德层面的压力，不仅增大企业采取消极行为时的心理负担，还增加企业采取消极行为的声誉损失。因此，无论是偿还人情的想法还是伸出援手的要求都会增强企业在合作不利的局面下解决问题的意愿和决心，抑制企业逃脱回避的想法，使得企业采取更为积极的行为。

面子在中国儒家文化中有着特殊的地位，它代表了人们在社交网络中的声誉和地位，并影响企业在处理关系问题时的决策。在这种文化背景下，损害他人的"面子"被视为一个严重的社交过失，需要极力避免。若企业在合作中出现问题而突然与合作伙伴疏远，可能导致商业关系受损和企业领导之间的私人关系受影响。在中国，商业关系可能终止，但管理者之间的私人关系仍旧存在，作为珍贵的社会资本。因此，为了维护"面子"，企业在处理关系问题时会更加谨慎。如果企业能在困境中持续合作或积极解决问题，这会被视为对对方"面子"的尊重，从而加强两者之间的关系，为未来合作打下基础。

若企业在关系网络中的行为不符合集体主义的行为规范，就会快速在社交网络中传播。这不仅导致其他合作伙伴对该企业的评价降低，还会降低其在网络中的信任度，增加其未来合作的难度，并失去更多的商业机会。加上儒家文化倡导的集体主义和强烈的关系网络，一旦企业行为被认为是不道德的，可能会遭受网络成员的集体反感和抵制。

5.2.4 关系回应行为

平（Ping，1993）将心理学领域经典的 EVLN 理论引入了营销领域，将企业面对关系问题时的行为选择根据态度（是否采取行动）和后果（是否有利于关系发展）两个维度将企业的行为划分成了主动—积极、主动—消极、被动—积极和被动—消极四大类，分别是呼吁、退出、忠诚、忽视四种行为。EVLN 框架受到营销学者的广泛认可，给出了企业在关系冲突情境下的基本行为逻辑。其中，呼吁和退出属于主动行为，而忠诚和忽视则相对被动（Gey-skens & Steenkamp，2000）。

但是，基于西方文化背景提出的 EVLN 框架并不能精准地刻画中国企业在冲突情境之下的关系行为。其一，EVLN 框架关注的是企业出于利益考量的经济行为，在中国的社会背景和文化影响之下，企业所采取的关系行为往往是经济性与社会性相交融的混合行为，并且企业的经济合作行为和关系互动行为之间还存在着相当程度的独立性。其二，EVLN 框架提出的情境是二元关系，在行为内容上强调企业间的沟通和协调，并不适用于关系问题更加复杂棘手，解决难度更大的网络环境。因此，本书在借鉴 EVLN 理论的基础之上，结合中国特色的关系文化和社会背景，从关系互动水平变化的角度来界定行为的主动和被动，从经济合作水平变化的角度来界定行为的积极和消极，将企业在网络环境下面对关系冲突风险之时的反应行为界定为主动—积极、主动—消极、被动—积极和被动—破坏四大类，分别是投资行为、退出行为、忠诚行为以及规避行为。

第一，投资行为。在西方文化背景下，"呼吁"是解决关系问题的一种流行方式（Hirschman，1970）。但 EVLN 理论是基于西方文化背景提出，而中国人崇尚的儒家思想是集体导向的，高度重视关系，强调和谐的价值（Triandis，1989；Triandis，McCusker，Betancourt et al.，1993）。因此，在面对关系冲突的威胁之时，相较于西方人口头上的"呼吁"，中国人更崇尚"舍小利取大义"，即通过投入资源和提升互动水平加强与合作伙伴的关系联结，增加企业间的信任和承诺，借助关系治理机制的强化和利益的深度绑定来抑制关系冲突升级和爆发的风险。结合关系资本理论和实物期权理论来看，中国人这种

"舍利取义"的行为扩大了企业所拥有的关系资本存量，实质上是行使了扩张期权，确保了企业在未来的关系租金收益权，是一种针对关系资本的投资。本书称为投资行为。

第二，退出行为。科尔盖特和斯图尔特（Colgate & Stewart，1998）将退出定义为"企业间停止交易的经济现象"，企业的退出行为是指企业不愿再与现有合作伙伴保持合作关系，并且开始打算终止合作关系。过往研究处于可操作性的考虑，通常用退出倾向来衡量企业的退出行为。但是在中国文化和网络组织的背景之下，退出行为的内涵会变得更加复杂。中国人的冲突预防实践是以礼为原则，崇尚"先礼后兵"。中国企业一旦在冲突情境下表现出退出的意图，不但意味着放弃了经济合作，同时意味着放弃了这段关系。西方学者将退出定义为"企业间停止交易的经济现象"，但是在中国文化背景之下，退出不仅意味着企业间经济合作的中止，还意味着企业间在各个层面关系互动的减少乃至停止。结合关系资本理论和实物期权理论来看，中国人这种"壮士断腕"式的退出行为相当于直接放弃了企业所拥有的关系资本，实质上是在行使关系资本的退出期权。

第三，忠诚和规避行为。EVLN 理论认为，忠诚表示企业在期待着别人的努力来改善现实状况。忠诚体现了企业对于某段合作关系的"特殊依恋"和"事态终会改善"的坚定信念。平（1993）认为，忠诚的行为表现是企业积极地履行关系义务，乐观地希望事态得到改善。在中国的网络组织之中，忠诚不仅意味着企业要保持先前与网络成员间的交易水平和网络资源投入水平，还意味着企业要继续维持与网络之间的关系往来。

在 EVLN 框架中，当企业对于关系问题的解决丧失信心之后，会采取忽视的态度，减少与合作伙伴的交易与互动，坐视关系状态的退化。但是，忽视的做法不符合中国特殊的文化与国情。从关系文化的角度看，中国人在面对冲突与纷争时不愿意采取极端行为，并且更看重关系的长期价值；从商业实践的角度来看，中国人的信任往往是针对个人而非组织的，资源是"粘附"

在关系网络之上，即使企业间停止了经济合作，关系网络依然能够为企业输送各种利益，提供合作机会，关系网络的"能量"依然存在；从管理者个人的角度来看，冷落和疏远合作者不仅会破坏企业间的商业合作关系，还会破坏企业管理者之间的个人关系，是一种得不偿失的行为，需要尽力避免。因此，中国企业在面对较高的关系冲突风险却又不愿退出时，会依据市场逻辑来降低交易频率，减少资源投入，以降低被关系冲突所造成的损失，从而达到避险的目的。但是，在避险的同时，企业还会继续保持与合作伙伴之间的人情往来和相当水平的关系互动，不至于损伤黏附在关系网中的"关系能量"，为今后的合作保留了可能。本书将中国企业明显地降低经济合作水平，维持关系互动水平的行为定义为规避行为。

结合关系资本和实物期权理论来看，无论是忠诚行为还是规避行为，都保持了关系资本的既有存量和未来的投资权利，等待关系冲突的破坏性影响减弱或结束之后再行使扩张期权，以实现关系资本收益的最大化，是一种保持战略柔性的灵活性行为，其实质是在行使关系资本的递延期权。

5.3　研究假设与理论模型

5.3.1　感知冲突与关系回应行为

冲突是企业间关系发展过程中最具破坏性的事件（Samaha，Palmatier & Dant，2011）。作为一种外生的强烈刺激，关系冲突会引发企业的回应行为（Kelly & Peters，1977）。在针对 70 篇冲突研究文献的元分析中，吉斯肯斯、斯廷坎普和库玛（Geyskens，Steenkamp & Kumar，1999）确定了冲突与信任的反向关系。贡斯基（Gaski，1984）认为，冲突会影响企业对于合作关系的满意度。安德森和韦兹（Anderson & Weitz，1992）发现，企业感知到的争执和冲突可能会影响企业对于这段关系的忠诚度。诸多学者的研究表明，企业感知到的关系冲突会降低企业对于关系的投资和维护意愿，增加企业采取消极行为的可能性（Anderson & Narus，1990）。因此，本书提出如下假设：

H1：感知冲突会负向影响企业的积极回应行为

H1a：感知冲突会负向影响企业的投资行为

H1b：感知冲突会负向影响企业的忠诚行为

H2：感知冲突会正向影响企业的消极回应行为

H2a：感知冲突会正向影响企业的退出行为

H2b：感知冲突会正向影响企业的规避行为

5.3.2 感知冲突与关系权变价值

布德克尔和詹姆森（Bodtker & Jameson，2001）认为，企业的感知冲突水平直接影响决策过程。无论是关系价值还是关系冲突风险感知，其本质都是企业对于网络组织运行状况的认知和判断，如同一枚硬币的两面。关系价值是企业对于关系网络合作经济价值的估计，体现了企业对于网络合作前景的预期，而关系冲突风险感知则代表了企业对于关系冲突爆发和危害的担忧。而感知冲突作为企业对于关系互动状态的认知，必然会影响企业对于网络未来状态的评估和预判。

感知冲突水平高就意味着网络成员间总是充满敌意，且经常会发生恶性互动，这不仅会妨碍网络成员间的通力协作，抑制网络的价值耦合效应，增加成员企业用于自我保护的支出；而且会使关系冲突爆发、升级和扩散的概率大大提升。因此，高水平的感知冲突会影响决策者对于网络关系价值和关系冲突风险感知的认知和判断，显著降低企业对于网络合作前景的预期和信心，增加企业对于关系冲突爆发的担忧。

感知冲突还会影响决策者的情绪，进而干扰决策者的认知和判断。情绪浸润理论认为，人类在决策过程中会受到情绪的影响，其认知结果会趋向于与决策时的情绪相一致。首先，高水平的感知冲突会引发决策者的负面情绪，干扰决策者对于关系网络相关信息的加工和提取过程，影响其主观效用判断。

框架效应理论的相关研究发现，在负面情绪支配之下，决策者往往会采用负面框架描述现实状况，提炼更加消极悲观的信息要点来作为认知和判断的依据（Reyna & Brainerd，1991），降低对于网络关系价值的评价，增加对于关系冲突破坏性的担忧。其次，高水平的感知冲突引发的负面情绪还会影响决策者的主观概率判断，不仅会使决策者高估消极结果的发生概率，低估积极结果的发生概率，还会使决策者产生高估小概率事件、低估大概率事件的倾向。因此，关系冲突氛围会通过情绪变化影响决策者的主观效用和主观概率，进一步影响决策者对于网络关系价值和关系冲突风险感知的认知和判断。因此，本书提出如下假设：

H3：感知冲突会负向影响关系权变价值

5.3.3 关系权变价值与关系回应行为

诸多学者的研究证明，关系的经济价值与企业的行为意图密切相关（Grisaffe & Kumar，1998）。关系权变价值是企业权衡网络关系价值与关系冲突感知风险后得出的"净价值"，从成本收益权衡和心理状态两个方面影响企业的行为逻辑：

第一，关系权变价值决定了企业行为选择的收益与成本。网络背景下的关系价值来源于网络中的价值耦合效应，体现着网络组织未来的租金创造潜力，决定了企业对于网络合作的未来经济价值的估计。关系权变价值越高，企业就越倾向于开展更深入的合作来获得租金收益，也更希望通过关系互动加深与合作伙伴之间的关系来对抗关系冲突风险。关系权变价值同时也形成了消极行为的行动成本。一段关系的价值越高，企业采取消极行为造成的经济损失越高，获得的净收益越低，企业采取消极行为的意愿越低（Lewis & Lambert，1991）。

第二，关系权变是企业对于关系产出的总体衡量标准（Corsaro & Snehota，2010），决定了企业进行关系行为决策时的心理状态。关系权变价值从经济满意度、长期导向和"得失"框架三个方面影响企业的行为选择：

首先，关系权变价值代表着企业对于关系的经济满意度。经济满意度决定了企业的计算性承诺，而承诺是企业选择维持某段关系的核心因素（Rusbult & Farrell，1983）。关系权变价值越高，企业对合作关系越满意，忠诚度随之提升。在这种情况下，即使存在关系冲突爆发的风险，企业仍然会对未来长远的利益和合作保持信心，会积极通过合作行为来回应，或是保持着乐观的心态默默等待相关问题得到解决，而不会采取具有破坏性的消极应对。

其次，关系权变价值会影响企业的长期导向。关系权变价值越高，企业会越希望保持这种关系，使企业判断损益的标准从单次交易的利润转向长期交易的累积利润，提升企业对于关系价值波动的容忍度。具有长期导向的企业会倾向于接受暂时的劣势和未来利益的不确定性，甚至愿意承受一定程度的经济损失来绑定具备价值创造潜力的合作者，在面对关系冲突风险时，也会更加积极主动地努力解决问题，以期能在未来的关系交易合作中收获更多的利益和更大的回报。

最后，关系权变价值决定了企业进行行为决策时的"得失"框架。前景理论认为，人们在进行风险决策时，对于得利状态与损失状态的不同界定会影响决策者的风险偏好。当关系权变价值为正时，企业的行为决策是根据潜在收益制定的，决策者会更加厌恶消极行为带来的价值损失，高估消极行为的风险性，更倾向于采取积极的合作行动来避免损失的发生。当关系权变价值为负时，企业的行为决策是根据潜在损失制定的，决策者会更看重消极行为的确定性收益，并低估对此类行为的后果及与未来的潜在损失，更倾向于采取消极的破坏行为来止损。因此，本书提出如下假设：

H4：关系权变价值会正向影响积极回应行为

H4a：关系权变价值会正向影响投资行为

H4b：关系权变价值会正向影响忠诚行为

H5：关系权变价值会负向影响消极回应行为

H5a：关系权变价值会负向影响退出行为

H5b：关系权变价值会负向影响规避行为

5.3.4 关系权变价值的中介作用

之前的研究显示，受到外部环境的复杂变化、网络的开放性和网络成员的个体性、机会主义和竞争性行为影响，关系网络成为了充满不确定性和潜在冲突的"冲突中心"。网络中成员之间的深层关系为冲突的扩散提供了途径。当一处的关系冲突能量超过了网络的约束时，它可以迅速从一个点扩展到整个网络，最终可能导致整体的不稳定，这对关系网络的持续性和企业的利益造成了严重威胁。因此，关系冲突是关系发展过程中最普遍和最具破坏性的事件，也是网络合作的首要风险源（Dwyer，Schurr & Oh，1987），对企业的行为选择有着深刻影响。

人们的行为决策主要受到行为意愿的驱使，而这种意愿往往是由价值判断所塑造的。对于天生逐利的企业来说，关系冲突对于经济利益的影响是其行为决策的核心，企业感知到关系冲突之后，会对各种回应行为的后果进行横向比较，然后选择最为经济的方式进行回应，经过理性评估的关系价值就决定了企业的基本行为意愿。企业感知到的关系冲突水平越高，对于网络合作前景的判断越悲观，会影响企业对于关系权变价值的判断，而关系权变价值决定了积极回应行为与消极回应行为之间的比较价值。当关系权变价值较高时，消极行为的高昂成本会在无形中提升积极行为的比较价值，增加积极行为的吸引力，促使企业保持忠诚以及维护合作关系。心理学中的"提前—延迟框架效应"表明，在同样的数额下，近期收益所产生的效用要高于远期收益。从收益的时间性上来看，积极行为的收益是在未来的长期多次交易中获得的，而消极行为的收益则更加直接。当关系权变价值较低时，消极行为的短期收益在企业看来会更有诱惑力，使企业不愿意进行关系投资或关系维持，更倾向于选择以消极的态度抵制或提前退出网络。因此，本书提出如下假设：

    H6：关系权变价值在感知冲突和回应行为之间起中介作用

    H6a：关系权变价值在感知冲突和投资行为之间起中介作用

    H6b：关系权变价值在感知冲突和忠诚行为之间起中介作用

    H6c：关系权变价值在感知冲突和规避行为之间起中介作用

    H6d：关系权变价值在感知冲突和退出行为之间起中介作用

5.3.5 关系压力的调节作用

人们采取某种行为的主要驱动力是基于价值判断的行动意愿，但在作出最后的行为决策时，外部的客观环境也是一个不可忽视的关键因素。中国的网络组织是基于强关系建构的（罗珉、高强，2011），其独特的运作模式和文化规则导致在关系网络内部的各个层面上都存在着内生的压力机制，具有显著的"威吓效应"，深刻影响着企业的行为选择。

熟人介绍是中国企业特别是企业之间建立关系的基本方式（Pressey & Xuan Qiu，2007），并且介绍人的影响会贯穿整个合作关系的生命周期。当合作伙伴间发生冲突时，介绍人通常会介入，充当调解人或仲裁人，如果一方希望在某一时刻解散关系，会征求介绍人的意见。当企业判断关系权变价值较高时，会产生积极的行为意向，希望维护合作关系，而介绍人的干预会化解企业间的负面情绪和利益争端，降低企业对于关系冲突破坏性的预估，进一步提升关系权变价值感知，提升企业投资和维护关系的意愿。当企业判断关系权变价值较低时，会产生消极的行为意向，希望退出合作关系，而介绍人的存在则增加了企业退出后果的不确定性（Rowley，Behrens & Krackhardt，2000）。企业如果在合作过程中突然单方面采取退出行为，不但会损害与合作伙伴的关系，引发合作伙伴的反击；还会损害与介绍人的关系，甚至有可能引发介绍人的制裁。介绍人通常拥有相当的地位和声望，或是与被介绍人之间存在着亲缘、友缘之类的紧密关系，企业与介绍人之间的关系往往具有较高的价值。第三方关系价值的或有损失降低了企业采取退出行为的收益期望，会抑制企业的退出倾向。

中国企业的关系网络通常是围绕强关系来建构的，和谐是网络演化的序参量，人情和面子是网络运行的规则，成员企业通过自组织形成内生的秩序。当企业基于较高的关系权变价值希望维护合作关系时，会倾向于服从和谐的大局，参照网络内部其他成员企业的关系状态来调整自身行为，增加关系往来，提升资源投入水平，加深网络的经济正态效应，稳定关系价值的变现通道。当企业由于过高的关系冲突风险而单方面采取退出行为时，会引发连锁反应，产生网络负态效应。企业单方面的退出行为通常会降低其他成员企业对退出者的评价和信任，使得退出者无形中错失诸多合作机会，令退出行为的损失更加难以预测。如果企业的退出行为引发了合作伙伴或介绍人的声讨，还有可能引发其他网络成员的同仇敌忾和集体抵制，出现群体制裁现象。这种核裂变式的连锁反应极大地增加了企业退出行为后果的不确定性，会降低企业对于退出行为后果的价值评判，抑制企业的退出倾向。

因此，关系压力机制的存在使得企业的关系行为特别是退出行为的后果带有显著的外部性和强烈的不确定性，迫使企业进行风险与收益的再权衡。当关系压力水平足够高时，退出行为引发的不确定性会超过退出行为带来的收益，颠覆企业对于退出行为的价值判断，迫使企业改变行为意愿，由退出倾向转变为合作倾向，在行为表现上出现突然转变，形成了偏好反转的奇特现象。因此，本书提出如下假设：

H7：关系压力会正向调节权变价值与积极回应行为之间的关系

H7a：关系压力会正向调节权变价值与投资行为之间的关系

H7b：关系压力会正向调节权变价值与忠诚行为之间的关系

H8：关系压力会负向调节权变价值与消极回应行为之间的关系

H8a：关系压力会负向调节权变价值与规避行为之间的关系

H8b：关系压力会负向调节权变价值与退出行为之间的关系

对本章提出的假设汇总情况如表 5.1 所示。

表 5.1　　　　　　　　　　　全部假设归纳

假设	内容
H1	感知冲突会负向影响企业的积极回应行为
H1a	感知冲突会负向影响企业的投资行为
H1b	感知冲突会负向影响企业的忠诚行为
H2	感知冲突会正向影响企业的消极回应行为
H2a	感知冲突会正向影响企业的退出行为
H2b	感知冲突会正向影响企业的规避行为
H3	感知冲突会负向影响关系权变价值
H4	关系权变价值会正向影响积极回应行为
H4a	关系权变价值会正向影响投资行为
H4b	关系权变价值会正向影响忠诚行为
H5	关系权变价值会负向影响消极回应行为
H5a	关系权变价值会负向影响退出行为
H5b	关系权变价值会负向影响规避行为
H6	关系权变价值在感知冲突和回应行为之间起中介作用
H6a	关系权变价值在感知冲突和投资行为之间起中介作用
H6b	关系权变价值在感知冲突和忠诚行为之间起中介作用
H6c	关系权变价值在感知冲突和规避行为之间起中介作用
H6d	关系权变价值在感知冲突和退出行为之间起中介作用
H7	关系压力会正向调节权变价值与积极回应行为之间的关系
H7a	关系压力会正向调节权变价值与投资行为之间的关系
H7b	关系压力会正向调节权变价值与忠诚行为之间的关系
H8	关系压力会负向调节权变价值与消极回应行为之间的关系
H8a	关系压力会负向调节权变价值与规避行为之间的关系
H8b	关系压力会负向调节权变价值与退出行为之间的关系

本章的研究模型如图 5.2 所示。

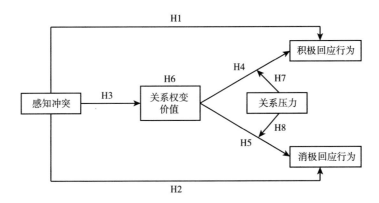

图 5.2　研究模型

5.4　研究设计与方法

5.4.1　构念的操作化定义与测量工具

按照西方现有的标准制度，对于西方文献进行翻译时的准确性是研究者所面临的巨大挑战。对于这方面，本书当中涉及概念的测量选用的都是西方制定的标准，全部按照跨文化研究方法论专家所提出的具体建议，使用了回译法进行翻译，这是一种目前被普遍接受的翻译方法，翻译过程持续了两个月。首先，让一位企业管理专业人士对原始量表翻译为中文，之后一位专业外企咨询管理专家将中文翻译为英文，之后再将最初的英文原稿和中文译文以及回译的英文交给一位企业管理专业的博士生。通过参与翻译的人员和研究者对无法体现语义或者有歧义的词语进行讨论，将最终的讨论结果呈现给外企市场调研专家。经过多次讨论之后，将和英文含义比较接近的量表交给外籍专家审核，最终由企业管理专业教授审核，确定最终的中文译名。

对于量表的选取主要选用了美国管理学会学报等国际权威学术期刊量表，

对于量表的本土适应性进行了考虑。在进行小样本的调查和研究之前，为了提高量表的拟合度，量表的测量都具有普遍适用性的特点，研究人员对于小规模企业管理者开展调查和研究，对于量表当中的具体内容进行再次修改，直到调查对象没有产生其他意见。本次调查研究的具体结果表示，量表的信度以及区分度良好，可以进行下一步调查。

在本书的研究当中，主要使用了李克特五点量表对于题目进行设计。在问卷的设计过程中，主要遵循了以下三个原则：第一，促进语言表达的清晰和准确，使得被调查人能够很好地理解所要表达的含义；第二，主要使用了较短的选项，减少了被调查者在填写问卷时的疲劳感；第三，对于被调查者进行问卷调查时的抵触心理进行了考虑。

按照过去的问卷调查经验，在问卷的排版当中，每一个问题或句子的字数尽量减少，不超过版面的一行，研究当中的量表主要采用短式，每个选项的次数尽量减少。

5.4.2　问卷设计

本书的研究当中主要使用了问卷调查法，问卷调查法的实用性主要体现为以下四点：第一，实施过程合理，问卷调查法能够快速有效地搜集数据。第二，保证量表的信度和效度、足够数量的数据样本使得研究者能够从中获取到详细的数据。第三，问卷调查不会对于被调查者产生较大的干扰，降低了被调查者参与问卷调查的难度，具有很强的操作性。第四，成本支出较低，问卷调查法是在本地区进行数据收集时的有效方法。

本书的量表设计借鉴现有中外文献中使用过的成熟量表，并且对问题的表述进行了本土化处理。为保证量表的信度和效度，本书于 2017 年 6 月与天津财经大学企业管理系的 3 位教授与 6 位负责对外合作的企业中高层管理者就初步调查问卷进行了深度访谈，历经两轮调整和修改才形成了最终的调查问卷。

调查问卷的所有项目均采用李克特五点量表。其中，感知冲突来源于库玛、舍尔和斯廷坎普（Kumar，Scheer & Steenkamp，1995）以及科扎和丹特（Koza & Dant，2007）的研究；关系权变价值来源于杨娟、阮平南（2015）和德勒吕（Delerue，2005）的研究，其中对关系冲突风险感知的测量题项采取反向计分；投资行为来源于武志伟、陈莹（2008）的研究；退出行为来源于康、欧和西瓦达斯（Kang，Oh & Sivadas，2012）的研究；关系压力来源于鲁斯（Roos，1999）和阿拉约齐耶维尔、莫勒和塔蒂南（Alajoutsijarvi，Moller & Tahtinen，2000）的研究。

为保证问卷数据的真实性和准确性，本章研究过程当中对于问卷设计共同方法变异问题进行了重点考虑，并且使用了相关的事前控制措施，在最大限度上降低可能性的偏差。

（1）共同方法变异。共同方法变异主要指的是由于测量方法比较单一而产生的测量误差。在数据的搜集过程中，如果因变量、自变量以及其他变量的数据都是一个数据来源，那么就会产生共同方法变异。

本书当中对于共同方法变异问题进行了控制，主要采取了以下措施：第一，保证问卷发放和回收过程的保密性；第二，打乱了问卷调查当中的问题选项；第三，将自变量、因变量以及其他变量分成两份问卷进行测量，减少了共同方法变异对于数据质量所产生的影响。

（2）问卷编排。对于共同方法变异问卷调研法当中存在的误差，本书在问卷的设计过程中采取了一定的方法进行控制：第一，对于引导语进行谨慎使用，减少被调查者参与调查时的顾虑。收集的调查问卷仅适用于学术研究，对调查问卷进行匿名和保密处理。第二，对于题项的意义进行隐匿，对于问卷当中选项的含义进行反复测试，并对调查问卷进行重新设计。第三，对于问卷的发放过程进行严格控制，问卷的回收过程均采用匿名的方式，最大限度地降低被调查者的相关顾虑。

5.4.3　小样本预测

小样本预测选择了天津、河南、安徽三省的制造业、零售业、住宿和餐饮业及其他行业的企业作为研究样本。问卷以纸质问卷、电子邮件和手机问卷的形式于 2017 年 8～11 月发放，由被调查企业中熟悉对外合作情况的中高层管理者填写。在天津委托合作银行发放 40 份，回收 37 份，利用 MBA 学员发放 60 份，回收 54 份。在河南委托合作银行发放 100 份，回收 96 份。在安徽利用滚雪球抽样发放问卷 60 份，回收 41 份。此次调研共发放问卷 260 份，回收 228 份，回收率为 87.7%，剔除后，共得有效问卷 192 份，问卷有效率为 84.2%。本书对样本进行了 t 检验，不同来源的样本之间未显示出显著的差异性，因此可以合并分析。样本描述性统计如表 5.2 所示。

表 5.2　　　　　　　　　　　　样本描述性统计

地区分布	天津		河南		安徽
样本比例	77(40.1%)		81(42.2%)		34(18.0%)
行业分布	制造业	零售业	住宿和餐饮业		其他行业
样本比例	65(33.9%)	51(26.6%)	44(22.9%)		32(16.6%)
企业规模	微型		小型		中型
制造业	21(32.3%)		31(47.7%)		13(20.0%)
零售业	18(35.3%)		25(49.0%)		8(15.7%)
住宿和餐饮业	16(36.4%)		19(43.2%)		9(20.4%)
其他行业	10(31.3%)		15(46.9%)		7(21.8%)

5.4.4　量表的信度与效度

本书对量表进行了信度和效度检验，具体结果如表 5.3 所示。

表 5.3   测量题项与信度效度检验

变量	测量题项	因子载荷
感知冲突（PC） Cronbach's α = 0.837 CR = 0.827 AVE = 0.566	PC1：我们与合作伙伴之间抱有敌意	0.775
	PC2：我们与合作伙伴之间互不信任	0.775
	PC3：我们与合作伙伴之间经常发生意见分歧	0.851
	PC4：我们与合作伙伴之间经常公开指责对方	0.671
关系权变价值（CR） Cronbach's α = 0.786 CR = 0.798 AVE = 0.513	CR1：有了固定的交易伙伴，本企业减少了搜寻新交易伙伴的成本	0.787
	CR2：有了相似的经常性的交易，我们会以某种形式固定下来，不需要每次详细论证	0.817
	CR3：因为合作，本企业能以较低的成本从合作伙伴处获取人、财、物等资源	0.655
	CR4：因为合作，不用担心也不必花力气去监督对方的机会主义行为	0.789
	CR5：企业利用合作伙伴的一些研究成果作为本企业研发的基础，而不需要花很多人力、物力、财力从头开始	0.658
	CR6：通过合作，我们在技术方面有了大幅改进	0.669
	CR7：通过合作，我们在产品和服务方面有了大幅改进	0.771
	CR8：通过合作，我们在管理方面有了大幅改进	0.849
	CR9：通过合作，我们扩大了生产规模	0.839
	CR10：通过合作，我们扩大了销售额	0.784
	CR11：我们与合作伙伴之间的冲突会导致合作伙伴企业降低投入资源的质量	0.814
	CR12：我们与合作伙伴之间的冲突会导致合作伙伴企业减少投入资源的数量	0.732
	CR13：我们与合作伙伴之间的冲突会导致我们的商业机密可能会被合作伙伴企业窃取	0.669
	CR14：我们与合作伙伴之间的冲突会导致我们的管理经验、运作流程很可能会被合作伙伴企业模仿	0.876
	CR15：我们与合作伙伴之间的冲突会妨碍我们与合作伙伴之间沟通的及时性	0.702
	CR16：我们与合作伙伴之间的冲突会妨碍我们与合作伙伴之间沟通的准确性	0.711

续表

变量	测量题项	因子载荷
	CR17：我们与合作伙伴之间的冲突会导致合作伙伴放弃合作目标	0.707
	CR18：我们与合作伙伴之间的冲突会导致合作伙伴采取对自己更有利的行动	0.766
	CR19：我们与合作伙伴之间的冲突会损害本企业的声誉	0.745
	CR20：我们与合作伙伴之间的冲突会妨碍本企业与其他企业之间的交流	0.769
	CR21：我们与合作伙伴之间的冲突会导致合作伙伴退出	0.878
	CR22：我们与合作伙伴之间的冲突会导致其他企业停止与本公司的合作	0.769
	CR23：我们与合作伙伴之间的冲突会增加本企业从合作伙伴处获得人、财、物等资源的成本	0.710
	CR24：我们与合作伙伴之间的冲突会迫使本企业投入更多资源和精力来监督合作伙伴的行为	0.756
关系权变价值（CR） Cronbach's α = 0.786 CR = 0.798 AVE = 0.513	CR25：我们与合作伙伴之间的冲突会降低本企业与合作伙伴之间的交易频率	0.795
	CR26：我们与合作伙伴之间的冲突会导致合作伙伴隐瞒对我们不利的信息	0.801
	CR27：合作伙伴可能会为了保护自己的利益而不遵守先前达成的协议	0.794
	CR28：我们与合作伙伴之间的冲突会降低我们与合作伙伴企业之间的相互信任	0.769
	CR29：我们与合作伙伴之间的冲突会妨碍我们与合作伙伴企业之间的感情	0.769
	CR30：如果我们与合作伙伴发生冲突，合作伙伴会采取更加激烈的反击行为	0.765
	CR31：如果我们与合作伙伴发生冲突，合作伙伴会寻求他人的帮助	0.769
	CR32：如果我们与合作伙伴发生冲突，会有其他企业介入我们的冲突	0.769
	CR33：如果我们与合作伙伴发生冲突，会引发我们与其他企业间的冲突	0.832

续表

变量	测量题项	因子载荷
投资行为（IB） Cronbach's α = 0.779 CR = 0.792 AVE = 0.506	IB1：我们愿意投入时间、人员和资金解决关系中的问题	0.691
	IB2：当合作出现问题时，我们会选择扩大合作范围来留住合作伙伴	0.879
	IB3：当合作出现问题时，我们会更频繁地与合作伙伴进行关系往来	0.814
忠诚行为（LB） Cronbach's α = 0.826 CR = 0.766 AVE = 0.534	LB1：我们相信合作中出现的问题能够得到妥善解决	0.803
	LB2：当合作出现问题时，我们会保持与合作伙伴的交易频率	0.670
	LB3：当合作出现问题时，我们不会减少与合作伙伴的关系往来	0.777
规避行为（AB） Cronbach's α = 0.764 CR = 0.743 AVE = 0.577	AB1：我们认为合作中出现的问题难以解决	0.713
	AB2：当合作出现问题时，我们会显著减少与合作伙伴的交易频率	0.690
	AB3：当合作出现问题时，我们会稍微减少与合作伙伴的关系往来	0.832
退出行为（EB） Cronbach's α = 0.911 CR = 0.907 AVE = 0.633	EB1：当合作出现问题时，我们不愿维持与合作伙伴之间的合作关系	0.763
	EB2：当合作出现问题时，我们会停止与合作伙伴的交易	0.724
	EB3：当合作出现问题时，我们会结束与合作伙伴的关系	0.737
关系压力（RP） Cronbach's α = 0.827 CR = 0.835 AVE = 0.579	RP1：贵公司与合作伙伴是经人介绍才建立合作关系的	0.660
	RP2：贵公司解除与合作伙伴之间的关系会引起介绍人的不满	0.747
	RP3：介绍人对于贵公司非常重要	0.800
	RP4：贵公司解除与合作伙伴之间的关系会影响贵公司在行业中的口碑	0.798
	RP5：贵公司解除与合作伙伴之间的关系会影响贵公司与其他企业的合作	0.680

模型拟合指数：CMIN/df = 1.072，p = 0.176，RMSEA = 0.021，IFI = 0.983，CFI = 0.981，TLI = 0.981，NFI = 0.873，RFI = 0.849，GFI = 0.866

从表 5.3 可以看出，各个变量的 Cronbach's α 系数和 CR 值均大于 0.7，表明量表的内部一致性良好，具有较高的信度。验证性因子分析的结果显示，测量模型拟合度良好。测量题项的因子载荷均高于0.5，且变量的平均提取方差（AVE）均高于0.5，表明变量之间具有较好的聚敛效度。

5.4.5　数据调查与分析

（1）大样本问卷调查。抽样设计的具体原则是按照美国抽样学者提出的抽样设计标准，主要包括目的性、可测性、可行性，以及经济性四个方面。

本书主要的调查对象是中国企业中的中高层管理者和采购、销售等边界人员，不会受到企业所处行业等限制，进行抽样调查时对于可测量性和可行性进行重点考虑，并且考虑经济因素，确保满足经济性原则。本书当中的数据收集方法主要包括网络电子问卷和随机电子问卷两种方法，研究主要使用李克特五点量表进行统一设计。为了提高抽样调查的可测性，在研究者时间、能力所及范围内尽可能加大样本的容量，电子问卷的发放主要和调查对象公司的负责人和人力资源经理进行联系，由人力资源部门对问卷进行统一发放和回收。问卷的发放是在2017年12月和2018年1月的两个月当中，最终回收了超过1000份的调查问卷，对调查问卷进行回收整理时应该按照以下标准对于无效问卷进行排除：第一，量表当中取消选择缺乏数值的；第二，答案有着明显的规律性的，比如大部分题项选择的结果相同。按照以上标准对于无效问卷进行排除后，得到了接近800份的有效问卷，问卷的有效率超过70%。在经过两个月的调查研究工作之后，最终得到接近800个有效样本。

（2）正式样本的描述性统计分析。表5.4对于样本特征的主要分布情况进行了表示：从企业的成立时间来说，企业成立时间低于3年的企业占24%，企业成立时间在3～10年以内的接近40%，企业成立时间在10～15年的超过20%，企业成立时间在15年以上的占14.5%。这说明大多数企业仍处于发展阶段，只有少数企业具有了一定的规模性和熟练度，这个和研究的基本假设是相一致的。

表 5.4 　　　　　　　　　　**样本特征的分布情况**

企业特征	特征分布	样本数	百分比（%）
成立时间	3（含）年以下	188	24.0
	3~10（含）年	311	39.7
	10~15（含）年	171	21.8
	15 年以上	114	14.5
员工数量	20 人以下	157	20.1
	21~100 人	337	43.1
	101~500 人	249	31.8
	501 人以上	39	5.0
企业性质	国有及国有控股企业	61	7.8
	集体及集体控股企业	39	5.0
	私营及控股企业	372	47.6
	外商及港澳台投资企业	52	6.7
	股份制企业	175	22.3
	股份合作制企业	57	7.3
	其他	26	3.3
主营业务	制造业	271	34.6
	建筑业	118	15.1
	金融业	52	6.7
	电力、燃气及水生产和供应业	13	1.7
	房地产业	57	7.3
	批发和零售业	31	3.9
	住宿和餐饮业	57	7.3
	医疗卫生	62	7.9
	交通运输、仓储和邮政业	79	10.1
	文化娱乐	9	1.1
	其他行业	35	4.5

从员工的数量可以看出，20 人以下的企业超过了 20%，20~100 人的企

业超过了 40%，100～500 人的企业超过 30%，500 人以上的企业仅有 5%。这说明被调查的企业大多处于中小型企业规模，仍然需要进行长期的发展过程。

从企业的性质可以看出，国有及国有控股企业占比 7.8%，私营控股企业占比超过 47.5%，股份制企业占比超过 22.9%，外商和港澳台投资企业占比 6.7% 左右，行业的分布十分广泛。

从企业的主要经营业务可以看出，制造业企业占比超过 30%，建筑类企业占比超过 15%，而交通运输、仓储和邮政业的占比超过 10%，说明企业的经营业务是十分广泛的，有很好的代表性。

（3）描述型统计分析主要体现了变量样本的平均值以及方差特点。平均值可以体现变量当中所有原本取值的平均水平，标准差可以体现一组数据的平均离散程度，标准差的数值越大，说明变量之间存在着越大的差异，和平均值的离散趋势差距大。由表 5.5 可以知道，变量的均值均介于 2.12～2.97，标准差均介于 0.655～1.031，适合进行下一步分析。

表 5.5 描述统计量

变量	题项	均值	标准差
PC	PC1	2.63	0.776
	PC2	2.55	0.655
	PC3	2.58	0.926
	PC4	2.55	0.926
CR	CR1	2.62	0.689
	CR2	2.25	0.825
	CR3	2.21	0.865
	CR4	2.41	0.932
	CR5	2.33	0.942
	CR6	2.45	0.660
	CR7	2.94	0.824

续表

变量	题项	均值	标准差
CR	CR8	2.68	0.911
	CR9	2.31	0.633
	CR10	2.12	0.636
	CR11	2.38	0.908
	CR12	2.18	0.956
	CR13	2.53	0.878
	CR14	2.67	0.845
	CR15	2.79	0.84
	CR16	2.74	0.868
	CR17	2.63	0.801
	CR18	2.50	0.958
	CR19	2.13	0.759
	CR20	2.94	0.779
	CR21	2.94	0.642
	CR22	2.20	1.031
	CR23	2.59	0.695
	CR24	2.39	0.929
	CR25	2.15	0.937
	CR26	2.49	0.877
	CR27	2.61	0.821
	CR28	2.78	0.844
	CR29	2.76	0.866
	CR30	2.64	0.832
	CR31	2.46	0.876
	CR32	2.23	0.791
	CR33	2.78	0.787
IB	IB1	2.94	0.642
	IB2	2.20	1.031
	IB3	2.59	0.695

变量	题项	均值	标准差
LB	LB1	2.51	0.806
	LB2	2.26	0.689
	LB3	2.12	0.898
AB	AB1	2.82	0.895
	AB2	2.84	0.897
	AB3	2.68	0.764
EB	EB1	2.27	0.633
	EB2	2.66	0.806
	EB3	2.28	0.781
RP	RP1	2.36	0.853
	RP2	2.96	0.878
	RP3	2.51	0.678
	RP4	2.39	0.924
	RP5	2.97	0.940

（4）效度与信度分析。第一，效度检验。本书研究的角度分析主要使用了因子分析，研究的样本量是 783，观察的变量数有 6 个。对调查结果进行样本测度，可以对被测量变量的特性进行分析。如果样本测度接近 1，说明变量之间的共同因子拥有量越大，能够接近因子分析的标准；如果样本测度低于 0.5，不能达到因子分析的标准，因子分析的标准要使样本测度高于 0.6。

从表 5.6 可知，累积的方差贡献率达到了统计的要求，球形度检验的结果也达到了显著性水平，必须去除球形度检验当中的零假设，所以可以认为该样本能够适合因子分析。

表 5.6　　　　　　　　　　　　**KMO 和 Bartlett 的检测**

选取足够度的样本 Kaiser – Meyer – Olkin 进行检验		0.943
Bartlett 的球形度检测	近似卡方值	5581.689
	df	630
	Sig.	0.000

第二，信度检验。信度检验的主要含义是对量表进行评价以及问卷调查中的数据是否具有一致性进行反映的度量。本实验当中主要使用了探究性因子分析，去除了因子载荷小于 0.5 的题项。在这一基础上，使用了主成分分析法，对具体的结果进行分析，得到累计方差贡献值超过了 63%。

如表 5.7 所示，问卷的整体信度为 0.858，证明该问卷信度较高。各变量的可靠性系数 α 系数均大于 0.815。感知冲突、关系权变价值、投资行为、忠诚行为、规避行为、退出行为、关系压力的可靠性系数分别为 0.855、0.824、0.815、0.852、0.888、0.891、0.874，所有题项的因子载荷都大于 0.5。通过上述分析得出，变量与其测量题项之间具有较高的一致性。

（5）假设检验。第一，相关性检验。本书对各个变量进行了皮尔逊相关系数分析，从表 5.8 可以看出，各个变量的平均提取方差（AVE）均高于其相关系数的绝对值，具有良好的判别效度。

表 5.7　　　　　　　　　　　　　信度分析结果

变量	题项	因子载荷	可靠性系数 α	
PC	PC1	0.645	0.855	0.858
	PC2	0.745		
	PC3	0.732		
	PC4	0.535		
CR	CR1	0.662	0.824	
	CR2	0.663		
	CR3	0.681		
	CR4	0.680		

变量	题项	因子载荷	可靠性系数 α	
CR	CR5	0.561		
	CR6	0.635		
	CR7	0.678		
	CR8	0.795		
	CR9	0.649		
	CR10	0.787		
	CR11	0.789		
	CR12	0.722		
	CR13	0.561		
	CR14	0.642		
	CR15	0.500		
	CR16	0.656		
	CR17	0.520		
	CR18	0.747		
	CR19	0.567	0.824	0.858
	CR20	0.632		
	CR21	0.630		
	CR22	0.756		
	CR23	0.592		
	CR24	0.642		
	CR25	0.500		
	CR26	0.656		
	CR27	0.520		
	CR28	0.747		
	CR29	0.567		
	CR30	0.632		
	CR31	0.630		
	CR32	0.756		
	CR33	0.592		

续表

变量	题项	因子载荷	可靠性系数 α	
IB	IB1	0.579	0.815	
	IB2	0.623		
	IB3	0.533		
LB	LB1	0.643	0.852	
	LB2	0.516		
	LB3	0.736		
AB	AB1	0.532	0.888	0.858
	AB2	0.770		
	AB3	0.782		
EB	EB1	0.502	0.891	
	EB2	0.519		
	EB3	0.661		
RP	RP1	0.600	0.874	
	RP2	0.549		
	RP3	0.716		
	RP4	0.730		
	RP5	0.669		

表 5.8　　　　　　　　　　均值、方差与相关系数

	PC	CR	IB	LB	AB	EB	RP
PC	0.741						
CR	−0.381**	0.684					
IB	−0.343**	0.384**	0.695				
LB	−0.329**	0.455**	0.001	0.774			
AB	0.265*	−0.279*	0.009	0.007	0.756		
EB	0.198*	−0.238*	0.004	0.003	0.002	0.796	
RP	0.112	0.113	0.269**	0.356**	0.377**	0.284**	0.712
均值	3.557	3.741	3.923	4.269	3.887	4.125	3.683
标准差	0.806	0.756	0.485	0.501	0.564	0.486	0.782

注：N = 783；对角线上的数字是平均提取方差（AVE）的平方根；* 表示 $p < 0.05$，** 表示 $p < 0.01$。

第二，直接效应分析。本书分别以投资行为、忠诚行为、规避行为、退出行为和关系权变价值为因变量，以感知冲突、关系权变价值为自变量，构建五个回归模型，分析结果如表5.9所示。

表5.9   回归分析结果：标准系数

	IB		LB		AB		EB		CR
	（Ⅰ）	（Ⅱ）	（Ⅰ）	（Ⅱ）	（Ⅰ）	（Ⅱ）	（Ⅰ）	（Ⅱ）	（Ⅰ）
PC	− 0.277 **		− 0.412 **		0.267 *		0.229 *		− 0.344 **
CR		0.426 **		0.488 **		− 0.326 **		− 0.265 **	
F值	5.937 **	7.449 **	6.675 **	8.123 **	5.197 **	6.255 **	4.633 **	6.476 **	6.225 **
R^2	0.179 a	0.213 a	0.201 a	0.231 a	0.172 a	0.271 a	0.161 a	0.226 a	0.184 a

注：* 表示 $p < 0.01$，** 表示 $p < 0.05$，a 表示调整后 R^2。

IB（Ⅰ）模型（感知冲突→投资行为）的分析结果显示，F值显著不为0，且系数为 − 0.277，证明感知冲突对于投资行为有显著的负向影响，H1a 得到验证；IB（Ⅱ）模型（关系权变价值→投资行为）的分析结果显示，F值显著不为0，且系数为0.426，证明关系权变价值对投资行为具有显著的正向影响，H4a 得到验证。

LB（Ⅰ）模型（感知冲突→忠诚行为）的分析结果显示，F值显著不为0，且系数为 − 0.412，证明感知冲突对于忠诚行为有显著的负向影响，H1b 得到验证；LB（Ⅱ）模型（关系权变价值→忠诚行为）的分析结果显示，F值显著不为0，且系数为0.488，证明关系权变价值对忠诚行为具有显著的正向影响，H4b 得到验证。

AB（Ⅰ）模型（感知冲突→规避行为）的分析结果显示，F值显著不为0，且系数为0.267，证明感知冲突对于规避行为有显著的正向影响，H2b 得到验证；AB（Ⅱ）模型（关系权变价值→规避行为）的分析结果显示，F值显著不为0，且系数为 − 0.326，证明关系权变价值对规避行为具有显著的负向影响，H5b 得到验证。

EB（Ⅰ）模型（感知冲突→退出行为）的分析结果显示，F值显著不为

0，且系数为 0.229，证明感知冲突对于退出行为有显著的正向影响，H2a 得到验证；EB（Ⅱ）模型（关系权变价值→退出行为）的分析结果显示，F 值显著不为 0，且系数为 -0.265，证明关系权变价值对退出行为具有显著的负向影响，H5a 得到验证。

CR（Ⅰ）模型（关系权变价值→投资行为）的分析结果显示，F 值显著不为 0，且系数为 -0.344，证明感知冲突（PC）对关系权变价值有显著的负向影响，H3 得到验证。

第三，中介效应分析。本书采用普里彻和海耶斯（Preacher & Hayes，2004）的 Bootsrap 检验法和赵等（Zhao et al.，2010）的中介分析程序，构建了"感知冲突→关系权变价值→投资行为""感知冲突→关系权变价值→忠诚行为""感知冲突→关系权变价值→规避行为""感知冲突→关系权变价值→退出行为"四个模型来对关系权变价值（CR）的中介效应进行检验，分析结果如表 5.10 所示：

表 5.10　　　　　　　　　中介效应分析结果：标准系数

	PC→CR→IB		PC→CR→EB	
	置信区间	作用大小	置信区间	作用大小
CR 中介作用 a×b	（ -0.213， -0.017）	-0.114	（0.019， 0.119）	0.078
主效应作用 c′	（ -0.195， -0.069）	-0.161	（0.012， 0.210）	0.159
结论	部分中介		部分中介	
	PC→CR→LB		PC→CR→AB	
	置信区间	作用大小	置信区间	作用大小
CR 中介作用 a×b	（ -0.178， -0.073）	-0.195	（0.054， 0.167）	0.146
主效应作用 c′	（ -0.223， -0.098）	-0.225	（0.109， 0.322）	0.297
结论	部分中介		部分中介	

在模型"感知冲突→关系权变价值→投资行为"中，关系权变价值中介作用 a×b 的 95% 置信区间为（ -0.213， -0.017），不包含 0，表明存在显著的中介作用。同时，感知冲突对投资行为的主效应 c′ 的 95% 置信区间为

（-0.195，-0.069），不包含 0，表明感知冲突对投资行为的作用显著。中介效应占总效应的比例约为 41%（ab/c）。综上所述，H6a 得到验证。

在模型"感知冲突→关系权变价值→忠诚行为"中，关系权变价值中介作用 a×b 的 95% 置信区间为（-0.178，-0.073），不包含 0，表明存在显著的中介作用。同时，感知冲突对忠诚行为的主效应 c′的 95% 置信区间为（-0.223，-0.098），不包含 0，表明感知冲突对忠诚行为的作用显著。中介效应占总效应的比例约为 45.5%（ab/c）。综上所述，H6b 得到验证。

在模型"感知冲突→关系权变价值→规避行为"中，关系权变价值中介作用 a×b 的 95% 置信区间为（0.054，0.167），不包含 0，表明存在显著的中介作用。同时，感知冲突对规避行为的主效应 c′的 95% 置信区间为（0.109，0.322），不包含 0，表明感知冲突对规避行为的作用显著。中介效应占总效应的比例约为 54.7%（ab/c）。综上所述，H6c 得到验证。

在模型"感知冲突→关系权变价值→退出行为"中，关系权变价值中介作用 a×b 的 95% 置信区间为（0.019，0.119），不包含 0，表明存在显著的中介作用。同时，感知冲突对退出行为的主效应 c′的 95% 置信区间为（0.012，0.210），不包含 0，表明感知冲突对退出行为的作用显著。中介效应占总效应的比例约为 34%（ab/c）。综上所述，H6d 得到验证。

第四，调节效应分析。本书采用多元层次回归法来检验关系压力的调节效应，分析结果如表 5.11 所示。

表 5.11　　　　　　　　　调节效应分析结果：标准系数

因变量	模型	CR	RP	CR × RP	F 值	R²
IB	（Ⅱ）	0.426**			7.449**	0.213ᵃ
	（Ⅲ）	0.285**	0.046		4.067**	0.129
	（Ⅳ）	0.285**	0.045	0.001	3.366**	0.129
EB	（Ⅱ）	-0.265**			6.476**	0.226ᵃ
	（Ⅲ）	-0.207**	-0.149*		5.123**	0.158ᵃ
	（Ⅳ）	-0.214**	-0.184**	-0.205**	5.543**	0.196ᵃ

续表

因变量	模型	CR	RP	CR × RP	F 值	R²
LB	（Ⅱ）	0.488 **			5.772 **	0.163ᵃ
	（Ⅲ）	0.317 **	0.153 **		4.975 **	0.155ᵃ
	（Ⅳ）	0.309 **	0.162 **	0.211 **	6.297 **	0.221ᵃ
AB	（Ⅱ）	− 0.326 **			5.214 **	0.160ᵃ
	（Ⅲ）	− 0.258 **	− 0.133 **		7.228 **	0.208ᵃ
	（Ⅳ）	− 0.249 **	− 0.145 **	− 0.129 **	5.355 **	0.184ᵃ

注：* 表示 $p < 0.01$，** 表示 $p < 0.05$，a 表示调整后 R^2。

先以投资行为作为因变量，关系权变价值作为自变量进行回归，结果表明关系权变价值对于投资行为有显著的正向影响。在加入交互项的 IB（Ⅳ）模型中，交互项（CR × RP）对于投资行为的影响不显著，表明关系压力在关系权变价值对投资行为的影响中没有起到调节作用，H7a 未被验证。

先以忠诚行为作为因变量，关系权变价值作为自变量进行回归，结果表明关系权变价值对于忠诚行为有显著的正向影响。在加入交互项的 LB（Ⅳ）模型中，交互项（CR × RP）对于忠诚行为的影响显著，作用系数为 0.211，表明关系压力强化了关系权变价值对忠诚行为的影响，H7b 得到验证。

先以规避行为因变量，关系权变价值为自变量进行回归，结果表明关系权变价值对于规避行为有显著的负向影响。在加入交互项的 AB（Ⅳ）模型中，交互项（CR × RP）对于规避行为的影响显著，作用系数为 − 0.129，表明关系压力弱化了关系权变价值对规避行为的影响，H8a 得到验证。

先以退出行为因变量，关系权变价值为自变量进行回归，结果表明关系权变价值对于退出行为有显著的负向影响。在加入交互项的 EB（Ⅳ）模型中，交互项（CR × RP）对于退出行为的影响显著，作用系数为 − 0.205，表明关系压力弱化了关系权变价值对投资行为的影响，H8b 得到验证。

（6）假设检验结果讨论。在 5.3 节的实证分析中，从直接效应、中介效应和调节效应三个方面分别进行了回归分析，全部的检验结果如表 5.12 所示。

表 5. 12 各维度假设验证结果

假设等级	假设详情	验证与否
直接效应	H1：感知冲突会负向影响企业的积极回应行为	是
	H1a：感知冲突会负向影响企业的投资行为	是
	H1b：感知冲突会负向影响企业的忠诚行为	是
	H2：感知冲突会正向影响企业的消极回应行为	是
	H2a：感知冲突会正向影响企业的退出行为	是
	H2b：感知冲突会正向影响企业的规避行为	是
	H3：感知冲突会负向影响关系权变价值	是
	H4：关系权变价值会正向影响积极回应行为	是
	H4a：关系权变价值会正向影响投资行为	是
	H4b：关系权变价值会正向影响忠诚行为	是
	H5：关系权变价值会负向影响消极回应行为	是
	H5a：关系权变价值会负向影响退出行为	是
	H5b：关系权变价值会负向影响规避行为	是
中介效应	H6：关系权变价值在感知冲突和回应行为之间起中介作用	部分
	H6a：关系权变价值在感知冲突和投资行为之间起中介作用	部分
	H6b：关系权变价值在感知冲突和忠诚行为之间起中介作用	部分
	H6c：关系权变价值在感知冲突和规避行为之间起中介作用	部分
	H6d：关系权变价值在感知冲突和退出行为之间起中介作用	部分
调节效应	H7：关系压力会正向调节权变价值与积极回应行为之间的关系	否
	H7a：关系压力会正向调节权变价值与投资行为之间的关系	否
	H7b：关系压力会正向调节权变价值与忠诚行为之间的关系	是
	H8：关系压力会负向调节权变价值与消极回应行为之间的关系	是
	H8a：关系压力会负向调节权变价值与规避行为之间的关系	是
	H8b：关系压力会负向调节权变价值与退出行为之间的关系	是

第一，感知冲突会妨碍企业的积极回应行为（H1 成立），会促进企业的消极回应行为（H2 成立）。过往研究表明，冲突是关系发展过程中最普遍和最具破坏性的事件，诸多学者已经证明了冲突与关系终止之间的相关性（Landeros，Reck & Plank，1995；Plank，Reid & Newell，2007）。本书的研究结果再一次验证该结论。高水平的感知冲突会降低企业对于合作关系的忠诚与承诺，削弱合作意愿，使企业的行为倾向更加消极，不愿投入资源和精力解决关系问题。

第二，感知冲突会降低企业对于关系价值的判断（H3 成立）。当存在高度的感知冲突时，这意味着网络成员之间的互动充满敌意并容易产生负面互动。这不仅阻碍了成员之间的协同合作和网络的价值联动效应，增加了企业为保护自身所需的花费，还会提高关系冲突的发生、加剧和传播的可能性。因此，强烈的感知冲突会减弱企业对网络合作潜力的期望和信心，并增加对关系冲突可能爆发的担忧，从而对决策者在评估关系价值时产生影响。

第三，关系权变价值会促进企业的积极回应行为（H4 成立），会抑制企业的消极回应行为（H5 成立）。从回归模型来看，关系权变价值对于投资行为的作用系数是 0.426，对于忠诚行为的作用系数是 0.488，而对于规避行为的作用系数是 -0.326，对于退出行为的作用系数是 -0.265，表明关系权变价值对于积极回应行为的促进作用要大于其对消极回应行为的抑制作用。这可能因为关系权变价值代表着企业对于关系的经济满意度，经济满意度决定了企业的计算性承诺，而承诺是企业选择维持某段关系的核心因素（Hocutt，1998；Rusbult & Farrell，1983）。关系权变价值越高，企业对合作关系越满意，忠诚度和承诺随之提升，企业会更倾向于保持忠诚，甚至是通过积极的投资行为来解决关系冲突，而不会采取明哲保身的规避行为和具有破坏性的退出行为。

第四，关系权变价值在感知冲突和反应行为之间起部分中介作用。这说明，感知冲突对于企业的行为逻辑具有两条影响路径：一是直接影响，二是通过关系权变价值的中介影响。这是因为关系冲突会引发企业对于关系价值的重新评估，评估结果会改变企业在面对冲突时的行为逻辑。从实证分析结果来看，关系权变价值在感知冲突与积极回应行为之间的中介效应要高于在感知冲突与消极回应行为之间的中介效应，表明企业在投资行为决策中会更多地考虑关系的未来价值，获取关系价值收益是企业合作的出发点。企业对于关系权变价值的判断越高，对于冲突的容忍度越高，越希望保持和维护关系。在这种情况下，企业会更加积极主动地努力解决问题而不是退出，甚至愿意承受一定程度的经济损失来绑定具备价值创造潜力的合作者，以期能在未来的关系交易合作中收获更多的利益和更大的回报。企业对于关系权变价值的判断越低，退出行为的成本越低，关系价值在企业退出行为决策中所占的权重越小。

第五，关系压力会弱化关系权变价值对规避行为和退出行为的负向作用（H8 成立），会强化关系权变价值对于忠诚行为的正向作用（H7b 成立），但对于关系权变价值对于投资行为的正向作用则不存在显著影响（H7a 不成立）。H8 的成立可能是因为当网络内部存在强大的关系压力时，企业强行采取退出行为，不但会损害与介绍人之间的关系，还可能引发连锁反应，形成网络负态效应，最终由双方的利益纷争演化为网络的群体制裁。关系压力机制的存在大大增加了退出行为的不确定性，会引发企业针对退出行为的风险——收益再权衡，改变企业先前的价值判断，使企业的行为逻辑出现变化甚至反转。H7a 的不成立可能是因为关系权变价值才是企业投资行为的出发点和内在动因，第三方的影响效力有限，而且投资行为是二元关系层面的积极行为，外部性和衍生不确定性低，不会干扰企业此前的价值判断。

第6章 结论与展望

6.1 主要研究结论

第一，企业针对关系冲突的风险感知的构面应该以关系冲突对于企业造成的损失为基础。良好建构的关系资本是企业实现网络化生产和价值创造的有力工具，关系冲突是企业网络化成长过程中的重大风险源。一旦关系冲突处理不善，它可能破坏网络的平衡，干扰其正常运作，导致资源配置效率降低、团队理解混淆、网络结构失调、能力体系受损、规定失去作用，进而降低关系资本的效率，威胁到企业的稳定和增长。鉴于关系网络的特性，如复杂的环境因素、多方参与和明确的规定匮乏，任何潜在的关系冲突若不加控制并升级为明显冲突，都可能导致冲突强度和范围的增加，使企业陷入更深的危机，遭受更大的损害。

本书发现，关系冲突为企业带来的客观风险主要源于其对关系资本运转效率的潜在损害及冲突的潜在升级与扩大。这些风险可以细分为六大领域：资源的丧失，其中包括资源整合不足和合作伙伴可能对企业资源的不当获取；认知的失调，涉及因沟通问题导致的决策偏差以及由冲突引起的策略变化；结构的变迁，这可能导致企业在网络中的位置丧失或整个网络的瓦解；规则的失效，包括由于冲突导致的交易效率下降或网络成员的不道德行为；以及冲突的可能升级和扩散，这可能导致合作伙伴关系进一步恶化或冲突影响范围的扩大。

第二，企业网络化成长的过程实质上是对于关系资本的投资过程，具有实物期权的特征，可以用 B－S 连续模型和二叉树模型两种方法来对关系投资的价值与风险进行计算和评估。从战略投资的角度来看，关系资本的投资是一个多阶段、循序渐进的过程，企业在各阶段有不同的决策权，必须考虑决策灵活性产生的价值，动态而综合地把握收入成本的权衡与决策；每个阶段会产生正面和负面效应两种可能的结果，正如企业拥有的两种期权。企业间形成合作关系之后，便相当于在关系发展的过程中拥有了相应的实物期权。企业可以选择维持原有的关系，也可以进行关系投资来扩张合作的规模和范围，在极端情况下，也可以选择中断合作关系。企业是否执行关系期权，取决于它们对关系投资的未来收益预期，也就是关系资本的价值。在实物期权导向下，关系资本的价值由核心价值和期权价值两部分组成。核心价值是关系价值的基础，是良好的合作关系给网络成员带来的直接经济利益，表现为由关系产生的产品的改进、生产成本的下降、产品销售额的上升、利润的提升等。期权价值是关系网络的价值创造潜力，是企业对于继续维持与合作伙伴的良好关系所能获得的未来经济利益的估量。

实物期权价值的评估一般有二叉树模型和 B－S 连续模型两种方法。二叉树模型是在离散时间状态下，假设标的资产价格只有上升和下降两种情况，且发生波动的幅度及其对应的可能性保持稳定，期权有效期划分为若干阶段，根据标的资产的历史波动率模拟其在有效期内的发展路径，利用风险中性定理将实物期权在期末的可能取值向前贴现，得到实物期权的当前价值。B－S 连续模型是在连续时间状态下，一般假定标的资产价格服从几何布朗运动，建立随机游走模型，进而推导出实物期权价值运动所遵循的偏微分方程求解（大多数情况下，不存在解析解，只能得到数值解），得出实物期权定价模型。

第三，关系资本的价值和关系冲突的风险是影响企业关系行为的两大关键要素。根据关系资本的价值及关系冲突的风险程度可以构建出四种基本的关系类型，即离散交易型关系、僵持恶化型关系、战略成长型关系和交叉演变型关系。

在离散交易型关系中，关系价值和关系冲突风险均较低。尽管冲突风险感知不高，但由于关系价值不足，企业在此种关系中的时间和资本投入很难得到相应的回报。在这种模式下，企业最佳的合作策略是采用延迟选项，与伙伴进行散点式的交易，也就是在市场框架内进行基本交易，减少深度交往，降低投入。同时，企业应紧密跟踪市场变化，据此决定是否维持或扩大当前关系。

在僵持恶化型关系中，关系价值较低而关系冲突风险较高。在这种模式中，因为企业感到高度的关系冲突风险与低廉的收益价值，合作关系呈现负面，导致了所谓的"关系负债"。企业在这种情况下的最佳策略是选择放弃，即减少或停止对该合作伙伴的投资，并为结束此合作做好准备。与此同时，企业应当密集地监测合作伙伴的行动及整体关系网络的状况，以便根据情况调整或决定是否继续该合作关系。

在战略成长型关系中，关系价值较高而关系冲突风险较低。在这一模式中，除了关系的战略稳定性，还存在着持续的增长潜力。得益于显著的关系价值，企业更倾向于采用扩张策略，大量投资资源和时间以期获得稳健的回报。此外，这种关系中的专有资产可以帮助降低成本和提升效率。合作伙伴之间的紧密关系也增强了关系治理的效果，进而减少了未来回报的不确定性。这形成了一个"投资加强—治理优化—风险降低"的正向反馈循环，导致关系资本价值的迅速增长。

混沌演变型关系拥有较高的关系价值和较高的关系冲突风险。在该模式下，企业难以对关系的"真实价值"作出明确的判断，交叉演变型关系并不是一个稳定的关系状态，这种关系会随着企业对于关系投入演变成其他三种稳定的关系模式。

第四，企业在面对关系冲突时采取的是一种二阶的权变决策机制。关系的经济社会二重性决定了企业在面对关系冲突时因循的既不是利润至上的冰冷市场逻辑，也不是不讲回报的纯粹关系逻辑，而是一种先利后义的混合逻辑。其决策模式也并非简单的刺激——反应模式，而是先考虑关系内生因素再结合网络外部性的二阶扩展型决策。企业面对关系冲突时的一阶决策机制是依据市场逻辑的双边关系决策，通过衡量网络关系价值和冲突风险来得出合作关系的"真实价值"——关系权变价值。关系权变价值的高低决定了企业最根本的关系行为意愿，即"想做什么"的问题。企业面对关系冲突时的二阶决策机制是依据关系逻辑的网络化决策，是在权变价值判断的基础上结合网络内部的关系压力水平选择最终的回应行为。关系压力的大小决定了企业行为选择的空间，即"能做什么"的问题。企业在关系冲突下的最终行为是在利益——风险权衡的基础上结合关系网络内生的不确定性作出的理性选择。

第五，关系权变价值是由网络经济正态效应和关系冲突风险感知构成的，决定了企业的行为意愿。在复杂动态的网络环境下，网络协作带来的价值要素耦合效应构成了关系价值的主要来源。高水平的整体协作是网络价值的基础，也决定了网络生产体系对于分歧和摩擦的天生脆弱性，关系冲突的爆发、升级与扩散会显著地干扰网络价值创造体系的运行效率，降低关系的价值。因此，关系的真实价值要受到关系冲突风险的修正，综合考量网络关系价值和关系冲突风险感知之后得出的关系权变价值才是企业行为决策的依据。

第六，关系冲突是影响关系价值的权变因素。关系网络是企业用来抵御环境不确定性的重要工具，随着网络化生产体系的发展和网络内部的再分工，影响企业关系价值创造与分享的外部因素从宏观的外部环境因素转向了中观的网络状态因素，网络组织内的隐性交易环境对于企业生存和发展的影响也越来越深刻。关系冲突是网络环境因素的代表，体现了网络成员对于关系冲突的看法和行为导向，会显著地影响企业对于网络发展前景的估计和判断，证明了企业对于关系价值的判断与网络内部的冲突水平密切相关。

第七，由于中国的文化和社会环境，关系压力成为了影响企业决策逻辑的因素。西蒙指出，人们的决策行为总是受到与他人关系的制约，因此，人的决策研究需要基于特定的社会背景。在中国的组织网络中，错综复杂的合作纽带和独特的关系文化导致了一种固有的关系压力，这种压力深刻地影响和指导了企业的行为决策。一方面，关系压力构成了关系的内在稳定机制。关系压力增加了企业退出行为的外部性和不确定性，构成了网络层面的关系退出壁垒，迫使那些具有退出意向的企业维持合作关系，增强了企业间合作关系的持续性，是中国企业实现网络化成长的先天禀赋和制度优势。另一方面，关系压力的存在也决定了企业在冲突回应行为上呈现出"两极化"的特征。关系压力带来的外生不确定性与关系冲突的内生风险形成了对冲，使得企业在面对关系冲突时表现得更加"隐忍"与"温和"，通常会选择舍小利而取大义。但是当关系冲突的风险远远大过关系价值且超过了关系压力所带来的退出成本时，利益至上的市场逻辑就会压倒关系逻辑，企业会突然停止经济合作和关系互动，行为风格的跳跃式转变就呈现出"偏好反转"的怪现象。

6.2　理论贡献与管理启示

6.2.1　理论贡献

本书将关系权变价值与关系压力纳入企业冲突反应行为的研究框架中，分析了关系权变价值和关系压力对于企业投资行为与退出行为的影响及其作用机制。研究的理论贡献主要体现在以下几个方面。

1. 对企业的关系冲突感知风险进行结构探索和量表检验，丰富了针对关系冲突问题的研究视角。已有诸多学者关注企业间关系冲突问题，并从结构视角、过程视角对关系冲突的定义、形式、前因、后果和调节因素进行研究，取得了丰富的研究成果。过去的研究普遍认为企业间的关系冲突在关系网络发展中是一个重要的负面因素，容易引发许多不确定因素，并具有明显的自我加强与传导效应。但对于关系冲突的风险效应及企业如何评估其风险性，研究却相对匮乏。本书计划采用风险树法系统地探讨在网络化背景下关系冲突可能带来的风险要素，并参考前人研究与开放式调查制定企业感知关系冲突风险的量表。进一步通过探索性和验证性因子分析得到这一有效的量表，并建立关于企业感知关系冲突风险的模型。本书从微观的企业个体感知视角，基于关系资本核心要素理论，借助风险树分析法对网络化成长背景下关系冲突可能引发的负面效应进行了系统、全面的分析，在借鉴已有研究成果和开放式调查来设计企业关系冲突感知风险的量表，通过探索性因子分析和验证性因子分析，形成企业关系冲突感知风险的构面模型和有效量表，丰富了关系冲突层面的研究成果，从微观层面拓展了关系冲突研究的视角。

2. 提出了关系权变价值的概念，拓展了关系价值在网络化成长背景下的理论内涵。以往对于企业间（B2B）关系价值的研究都是在静态的二元关系情境下展开的，对关系价值的内涵和构成维度进行了详尽的分析，认为关系价值这一概念的核心是利益与付出之间的权衡，将关系价值视作关系所带来的收益与维持关系所付出的成本之间的差额。在企业网络化发展过程中，随网络规模的扩大和合作关系的加深，出现了网络经济的边际收益递增和边际成本递减效应。传统的静态收益—成本评估方法不再适用于准确衡量这种背景下的关系价值。同时，企业对网络内价值创造和分配机制的高度依赖增强了关系冲突的影响和破坏性，使得关系冲突风险超越了关系维持成本，成为制约关系收益的主要因素。本书在文献研究的基础上，借助金融学的实物期权理论分析了网络化成长背景下企业对于关系价值的权衡机理，并对关系价值的内涵进行了再探讨。本书认为，在网络化成长的背景下，企业间合作关系的价值要受到关系冲突风险的修正，企业对于关系价值的判断应当是利益与风险之间的权衡，综合考量网络经济正态效应和关系冲突风险感知之后得出的关系权变价值才是企业间合作关系的"真实价值"。本书提出的关系权变价值的概念将关系价值的研究边界从关系的建构和发展领域拓展到关系冲突领域，深化了关系价值在关系研究不同领域中的认识，同时丰富了关系价值在网络情境下的理论内涵。

3. 识别了感知冲突对企业行为选择的作用路径。以往的研究证实了冲突对于企业关系行为的负面影响以及关系价值对于企业行为意图的正向影响，然而却鲜有研究关注冲突情境下关系价值对于企业行为选择的影响，关系冲突、关系价值与企业行为选择三者之间的关系仍不清楚。因此，本书以关系权变价值为桥梁，连接了变量之间的关系，从而更加完整地识别出感知关系冲突与企业行为选择之间的作用方式。

4. 探究了关系压力在关系权变价值与企业行为选择之间的调节作用。本书探讨了中国情境下新的研究变量——关系压力，通过实证研究验证理论模型，将关系压力纳入冲突情境下企业行为决策的研究框架中，研究结论揭示出：在关系压力较强时，在一定程度上调节了关系权变价值与退出行为、忽视行为的关系强度，降低了关系冲突的消极后果，使得整体研究模型的情境因素更加完善。这一探讨有助于中国文化情境下的企业更好地认识"关系冲突—关系权变价值—企业行为选择"之间的关系，进一步丰富了针对中国本土关系管理模式的研究成果。

6.2.2 管理启示

本书的研究结论对管理实践也有一定的指导意义，包括以下四个方面。

1. 应当注意建立关系冲突管理能力体系。在企业网络化成长的过程中，关系价值的创造和分享会受到关系冲突的严重威胁。然而，由于关系压力机制的存在，企业的行为选择空间受到了压制，还面临着被锁定在低效关系之内的可能性。因此，企业必须建立和完善自身的关系冲突管理能力体系，防范和控制关系冲突的破坏性影响，降低企业所面临的关系冲突风险。根据冲突演化的过程，企业应当着重建设以下三方面的能力。

（1）冲突感知能力。企业应当重视对合作者相关信息的收集，投入相应的资源从正式和非正式渠道收集相关的信息，并积极整理收集到的信息，定时评估合作者的经营状况、合作态度，确保企业对合作关系有清晰客观的认知，能够及时对恶性冲突的爆发和扩散作出预判。

（2）沟通协调能力。合作伙伴间及时有效的沟通交流机制是合作顺利开展的基础，也是化解分歧的有效手段。企业在合作的过程中，不仅要建立正式的合作机制，定期与合作伙伴举行会议进行正式的磋商；还要通过联谊会、俱乐部等多种形式建立非正式的沟通渠道，确保合作双方信息传递与接收的顺畅。

（3）危机应对能力。对于企业来讲，恶性的冲突是一场不折不扣的危机。企业在合作关系建立伊始，就应当做好恶性冲突的防范预案：一方面，企业要对恶性冲突爆发后引发的负面影响作出相应的事前安排；另一方面，企业要配备专门的人员和资源用来应对恶性冲突可能引发的各种负面影响。

2. 企业在合作过程中应当精心设计合作方案，来降低合作者的感知风险，提升对方的关系价值预期，促进关系发展进入正向循环的轨道。企业应当明白，在网络化成长的背景下，关系权变价值是影响企业行为决策的核心因素，决定了企业的基本行为意向，是企业间合作关系良性发展的关键。关系冲突感知风险会削弱合作者对于关系价值的评估和判断，降低对方的合作意愿，激发其消极行为倾向，是关系网络良性发展的首要心理障碍，也是关系网络不稳定的内在根源。企业可以通过分析合作者所感知到的关系冲突风险认识对方对关系合作存在哪些方面的担心和顾虑，并有针对性地采取相应的管理策略降低合作者所感知到的风险，增加对方的感知价值，促进合作者采取更为积极的合作行为，加速关系资本积累的正反馈过程。为降低合作者对资源丧失风险和交易低效风险的感知水平，合作双方应当在合作关系建立伊始达成一个较为完善的合作方案，特别对双方在合作过程中的资金、技术、人员投入、收益分配等合作细节给出清晰的界定。

3. 应当从期权的视角来灵活地看待关系，重视关系资本的柔性价值。企业间关系的发展是一个动态合作的过程。在这一过程中，由于各类因素的作用，联盟和合作双方都会发生一定程度的变化，很多情况下，这一变化程度甚至超出预期。如果合作伙伴之间爆发严重的冲突，会对关系的价值创造效率产生强烈的负面影响，甚至完全改变企业关系资本的存量。对此，企业必须高度关注合作的进展和双方关系状态的变化，并且要适时地根据这些变化调整自己的关系合作策略。一旦合作关系发生突变，应当马上依据合作的进展状况，对下一步合作方案进行安排和调整，以确保企业的关系合作收益最大化，关系冲突风险最小化。企业只有适时地依据双方合作关系状态的变化不断调整和适应，才能保证合作能够稳定持续下去，保证双方都获取到各自所希望的收益。

4. 利用关系压力，构建冲突的自化解机制。根据耗散结构论与协同学说，关系网络具有自我优化、自我修复、趋向有序性、趋向目标性的自组织特征。在中国本土化情境下，关系网络特有的关系压力，构成了冲突的自我化解机制，使得网络关系冲突的化解不需要任何"控制"的力量来引导和规范，通过网络自组织特性演化至稳定状态。因此，企业应当在关系合作中强化介绍人的作用，推动隐形第三方由幕后走向台前，形成稳定的沟通平台与冲突调节机制。与此同时，企业还要借助道德伦理约束来构建关系合作的"伦理壁垒"，进一步稳固合作关系。这种道德伦理约束下的非正式制度安排通过彼此的长期博弈形成稳定的预期，将冲突与矛盾弱化，使互利的"合作解"成为成员的合理选择。

6.3　研究局限性

本书仅仅从关系压力的角度探讨了企业在关系冲突下的行为逻辑，并通过实证分析验证了提出的假设，仍存在一定的局限性：

第一，从研究的样本来源来看，首先，在选取企业时尽管对于我国地区之间的差异进行了考虑，但是由于调查研究还需要考虑可行性以及经济性原则，并没有进行全面的随机调查；其次，研究样本的普遍代表性可能很高，但是这也会影响样本同质性，使得样本同质性降低；最后，使用同一个问卷对于某个变量进行问卷调查时，可能会产生很大的误差。由于全部的数据都是通过一份问卷来得到的，就会产生共同方法变异现象。虽然使用了多群体问卷法以及多来源问卷综合法等方法，但是并没有使用多份问卷对于研究样本进行多次调查。研究的过程还存在着许多问题，虽然进行了准确分析，但是只能对于变量之间的大致关系进行分析。因此，本书的普遍适用性还需要通过其他实验进行这次的分析和讨论。

第二，企业在冲突情境下的关系行为决策是一个异常复杂的过程，还涉及决策者个体特征和心理因素，未来应将研究视角扩大，将心理学理论纳入研究框架，可能会取得更有意义的研究发现。

附录 问卷调查表

尊敬的女士/先生：

您好！我们是天津财经大学商学院关系冲突与进化课题组，请您按照贵企业与合作伙伴之间的关系往来实际状况填写以下问卷题项。问卷调查的结果只用于学术研究，绝不会泄露或是用于商业目的！感谢您的配合！

A. 企业对外合作状况调查

题 项	非常赞同	比较赞同	一般赞同	比较不赞同	非常不赞同
1. 贵企业与合作伙伴之间抱有敌意					
2. 贵企业与合作伙伴之间互不信任					
3. 贵企业与合作伙伴之间经常发生意见分歧					
4. 贵企业与合作伙伴之间经常公开指责对方					
5. 通过与合作伙伴的合作，贵企业减少了搜寻新交易对象的成本					
6. 在与合作伙伴的合作过程中，贵企业形成了稳定的交易惯例					
7. 贵企业能以较低的成本从合作伙伴处获取人、财、物等资源					
8. 在合作过程中，贵企业不必监督合作伙伴的行为					
9. 通过合作，合作伙伴的相关技术成为了本企业研发的基础					
10. 在合作伙伴的影响下，贵企业在技术方面有了大幅改进					
11. 在合作伙伴的影响下，贵企业在产品和服务等方面有了大幅改进					
12. 在合作伙伴的影响下，贵企业在管理方面有了大幅改进					
13. 贵企业与合作伙伴通过分工协作，扩大了生产规模					

续表

题　项	非常赞同	比较赞同	一般赞同	比较不赞同	非常不赞同
14. 贵企业与合作伙伴通过分工协作，提升了销售额					
15. 如果贵企业与合作伙伴发生冲突，合作伙伴会降低投入资源的质量					
16. 如果贵企业与合作伙伴发生冲突，合作伙伴会减少人、财、物的投入					
17. 如果贵企业与合作伙伴发生冲突，合作伙伴会窃取我们的商业机密					
18. 如果贵企业与合作伙伴发生冲突，合作伙伴会挖走我们的管理人员和技术人员					
19. 如果贵企业与合作伙伴发生冲突，会增加我们之间沟通的时间					
20. 如果贵企业与合作伙伴发生冲突，会降低我们之间信息传递的准确性					
21. 如果贵企业与合作伙伴发生冲突，合作伙伴会放弃合作目标					
22. 如果贵企业与合作伙伴发生冲突，合作伙伴会采取只对自己有利的行动					
23. 如果贵企业与合作伙伴发生冲突，会损害贵企业的声誉					
24. 如果贵企业与合作伙伴发生冲突，会导致贵企业与其他合作者之间的沟通更加困难					
25. 如果贵企业与合作伙伴发生冲突，合作伙伴会退出合作					
26. 如果贵企业与合作伙伴发生冲突，会导致其他合作者停止与贵企业的合作					
27. 如果贵企业与合作伙伴发生冲突，会增加本企业从合作伙伴处获得人、财、物等资源的成本					
28. 如果贵企业与合作伙伴发生冲突，会迫使本企业投入更多资源和精力来监督合作伙伴的行为					
29. 如果贵企业与合作伙伴发生冲突，合作伙伴会减少本企业与合作伙伴之间的交易次数					
30. 如果贵企业与合作伙伴发生冲突，合作伙伴会隐瞒对我们不利的信息					
31. 如果贵企业与合作伙伴发生冲突，合作伙伴会为了保护自己的利益而不遵守合作协议					

续表

题 项	非常赞同	比较赞同	一般赞同	比较不赞同	非常不赞同
32. 如果贵企业与合作伙伴发生冲突，会降低我们与合作伙伴之间的相互信任					
33. 如果贵企业与合作伙伴发生冲突，会伤害我们与合作伙伴之间的感情					
34. 如果贵企业与合作伙伴发生冲突，合作伙伴会采取更加激烈的反击行为					
35. 如果贵企业与合作伙伴发生冲突，合作伙伴会寻求他人的帮助					
36. 如果贵企业与合作伙伴发生冲突，会有其他企业介入我们的冲突					
37. 如果贵企业与合作伙伴发生冲突，会引发我们与其他企业间的冲突					
38. 贵企业愿意与合作伙伴共同承担合作风险					
39. 贵企业愿意投入时间、人员和资金解决关系中的问题					
40. 当合作出现问题时，贵企业会选择扩大合作范围来留住合作伙伴					
41. 当合作出现问题时，贵企业会更频繁地与合作伙伴进行关系往来					
42. 贵企业相信合作中出现的问题能够得到妥善解决					
43. 当合作出现问题时，贵企业会保持与合作伙伴的交易频率					
44. 当合作出现问题时，贵企业不会减少与合作伙伴的关系往来					
45. 贵企业认为合作中出现的问题难以解决					
46. 当合作出现问题时，贵企业会显著减少与合作伙伴的交易频率					
47. 当合作出现问题时，贵企业会稍微减少与合作伙伴的关系往来					
48. 当合作出现问题时，贵企业不愿维持与合作伙伴之间的合作关系					
49. 当合作出现问题时，贵企业会停止与合作伙伴的交易					
50. 当合作出现问题时，贵企业会结束与合作伙伴的关系					
51. 贵企业与合作伙伴是经人介绍才建立合作关系的					
52. 贵企业解除与合作伙伴之间的关系会引起介绍人的不满					
53. 介绍人对于贵企业非常重要					
54. 贵企业解除与合作伙伴之间的关系会影响贵企业在行业内的口碑					
55. 贵企业解除与合作伙伴之间的关系会影响贵企业与其他企业的合作					

B. 企业基本资料

1. 贵企业成立的时间是：

3 年以下	3 ~ 10 年	10 ~ 15 年	15 年以上

2. 贵企业的员工数量是：

20 人以下	20 ~ 100 人	100 ~ 500 人	500 人以上

3. 贵企业的所有权形式是：

国有企业	集体企业	私营企业	三资企业
股份制企业	股份合作制企业	其他	

4. 贵企业所属的行业是：

制造业	建筑业	金融业	房地产业
批发和零售业	住宿和餐饮业	文化娱乐业	其他产业

参 考 文 献

［1］杨宜音．中国社会心理学评论［M］．北京：社会科学文献出版社，2005.

［2］安瑛晖，张维．期权博弈理论的方法模型分析与发展［J］．管理科学学报，2001，4（1）：38－44.

［3］卜华白．企业价值网低碳共生演化的序参量控制机理研究——"后危机时代"工业发展模式转型研究［J］．经济管理，2010（10）：134－139.

［4］蔡宁，黄纯．集群风险与结构演化的复杂网络仿真研究［J］．重庆大学学报（社会科学版），2012，18（1）：5－11.

［5］蔡双立，孙芳．关系资本、要素整合与企业网络化成长［J］．改革，2013（7）：111－119.

［6］曹宏铎，韩文秀，李昊．投资机会决策中分数布朗运动理论［J］．系统工程学报，2001，16（1）：45－49.

［7］陈立梅．高层管理团队（TMT）的异质性、冲突管理与企业绩效［J］．现代管理科学，2007（7）：92－93.

［8］程恩富，彭文兵．社会关系网络：企业新的资源配置形式［J］．上海行政学院学报，2002（2）：79－89.

［9］程国平，邱映贵．供应链风险传导模式研究［J］．武汉理工大学学报（社会科学版），2009，22（2）：36－41.

［10］董雅丽．中西"关系"文化的历史探源与比较［J］．兰州大学学

报：社会科学版，2006，34（6）：140 - 146.

[11] 杜楠，张闯. 组织层面的社会资本：理论框架、研究主题与方法 [J]. 财经问题研究，2011（1）：10 - 15.

[12] 范龙振，唐国兴. 投资机会的价值与投资决策——几何布朗运动模型 [J]. 系统工程学报，1998（3）：8 - 12.

[13] 范龙振，唐国兴. 投资机会价值的期权评价方法 [J]. 管理工程学报，2000，14（4）：34 - 37.

[14] 范龙振，唐国兴. 项目价值的期权评价方法 [J]. 系统工程学报，2001，16（1）：17 - 23.

[15] 范龙振，张子刚. 投资机会价值的研究 [J]. 数量经济技术经济研究，1996（11）：64 - 66.

[16] 范龙振. 经营柔性与投资决策 [J]. 预测，1998（3）：66 - 68.

[17] 冯宗宪，谈毅. 从期权定价理论看企业最优投资规模的确定 [J]. 预测，1998（6）：53 - 55.

[18] 高佳卿，刘胜军，康力立，等. 资本投资的期权理论与方法 [J]. 经济理论与经济管理，1998（2）：41 - 43.

[19] 何晓洁. 基于经营性期权的投资决策 [J]. 系统工程，2001，19（4）：58 - 60.

[20] 贺和平. EVLN 范式之外：渠道反应行为类型的本土化研究 [J]. 营销科学学报，2005，1（2）：72 - 86.

[21] 简志宏，李楚霖. 杠杆公司破产决策：实物期权方法 [J]. 系统管理学报，2001，10（4）：320 - 324.

[22] 姜劲，吕晖，徐学军. 战略联盟的冲突问题研究 [J]. 数学的实践与认识，2007，37（12）：54 - 59.

[23] 李海舰，陈小勇. 企业无边界发展研究——基于案例的视角 [J]. 中国工业经济，2011（6）：89 - 98.

［24］李纾.确定、不确定及风险状态下选择反转："齐当别"选择方式的解释［J］.心理学报，2005，37（4）：427－433．

［25］龙勇，付建伟.资源依赖性、关系风险与联盟绩效的关系——基于非对称竞争性战略联盟的实证研究［J］.科研管理，2011，32（9）：91－99．

［26］罗珉，高强.中国网络组织：网络封闭和结构洞的悖论［J］.中国工业经济，2011（11）：90－99．

［27］齐安甜，张维.企业并购投资的期权特征及经济评价［J］.系统工程，2001，19（5）：43－48．

［28］孙国强，朱艳玲.模块化网络组织的风险及其评价研究——来自一汽企业集团网络的经验证据［J］.中国工业经济，2011（8）：139－148．

［29］孙先定，黄小原.产业投资规模基于期权观点的优化［J］.预测，2002，21（1）：33－36．

［30］谈毅，冯宗宪.高新技术产业风险投资的期权特征与经济评价［J］.科研管理，1999，20（3）：91－96．

［31］王聪聪，蔡宁，黄纯.产业集群多层次网络结构对集群风险扩散的影响［J］.重庆大学学报（社会科学版），2013，19（5）：50－55．

［32］王大洲.企业创新网络的进化与治理：一个文献综述［J］.科研管理，2001，22（5）：96－103．

［33］王询.论企业与市场间的不同形态［J］.经济研究，1998（7）：34－40．

［34］卫海英，李清，杨德锋.品牌危机中社会关系冲突的动态演化机理——基于解释学的研究［J］.中国工业经济，2015（11）：109－124．

［35］武志伟，陈莹.关系专用性投资、关系质量与合作绩效［J］.预测，2008（5）：33－37．

［36］夏喆.企业风险传导的机理与评价研究［D］.武汉：武汉理工大学，2007．

[37] 许民利，张子刚．应用实物期权理论评价 R&D 投资 [J]．系统工程，2001，19（1）：10 - 14．

[38] 杨宝臣，刘铮，张彤．基于 Black - Scholes 模型的公司资本结构模型 [J]．管理科学学报，1999（2）：66 - 70．

[39] 杨娟，阮平南．网络租金的测量研究 [J]．经济管理，2015，37（2）：149 - 155．

[40] 张闯，杜楠，夏春玉，等．渠道成员退出和呼吁：感知公平与长期导向的作用 [J]．管理科学，2014，27（2）：108 - 117．

[41] 张闯，李骥，关宇虹．契约治理机制与渠道绩效：人情的作用 [J]．管理评论，2014，26（2）：69 - 79．

[42] 张峰，杨育，贾建国，等．企业协同生产网络的拓扑特性分析 [J]．重庆大学学报，2012，35（6）：24 - 30．

[43] 张五常．交易费用的范式 [J]．社会科学战线，1999（1）：1 - 9．

[44] 周勇，周寄中．R&D 项目的期权性特征分析与期权性价值的估算 [J]．管理科学学报，2002，5（1）：19 - 24．

[45] 朱玉旭，黄洁纲，吴冲锋．序列投资决策的期权分析方法 [J]．管理科学学报，1997（2）：107 - 112．

[46] 彭正银，杨琪帆．基于超额价值分享的网络治理结构研究 [C]．公司治理国际研讨会，2013．

[47] 汪洁．团队任务冲突对团队任务绩效的影响机理研究——从团队交互记忆与任务反思中介作用视角的分析 [D]．杭州：浙江大学管理学院，2009．

[48] Contractor F J, Lorange P. Cooperative strategies in international business: joint ventures and technology partnerships between firms [M]. Pergamon, 1988.

[49] Dixit A K, Pindyck R S. Investment under Uncertainty [M]. Princeton University Press, 1994.

［50］ Eisenhardt K M, Schoonhoven C B. Resource-Based view of strategic alliance formation: strategic and social effects in entrepreneurial firms ［M］. INFORMS, 1996.

［51］ Hirschman A. Exit, voice, and loyalty : responses to decline in firms, organizations, and states ［M］. Harvard University Press, 1970.

［52］ Kogut B, Kulatilaka N. Operating flexibility, global manufacturing, and the option value of a multinational network ［M］. INFORMS, 1994.

［53］ Leung T K P, Wong Y H. Guanxi: relationship marketing in a Chinese context ［M］. International Business Press, 2001.

［54］ Robbins S. Organizational behavior : concepts, controversies, applications ［M］. Prentice Hall, 1996.

［55］ Walters C G. Marketing channels ［M］. Goodyear Publishing Comp, 1977.

［56］ Abel A B, Dixit A K, Eberly J C, et al. Options, the value of capital, and investment ［J］. Quarterly Journal of Economics, 1996, 111 (3): 753 –777.

［57］ Achrol R S, Kotler P. Marketing in the network economy ［J］. Journal of Marketing, 1999, 63 (1): 146 – 163.

［58］ Alajoutsijarvi, K. , Moller, K. and Tahtinen, J. Beautiful exit: how to leave your business partner ［J］. European Journal of Marketing, 2000, 34 (11/ 12): 1270 – 1290.

［59］ Almost R J, Fcahs D M D R, Faan L M H R. Antecedents and consequences of intragroup conflict among nurses ［J］. Journal of Nursing Management, 2010, 18 (8): 981 –992.

［60］ Alter C. An exploratory study of conflict and coordination in interorganizational service delivery systems ［J］. Academy of Management Journal, 1990, 33 (3): 478 –502.

［61］ Alvarez L H R, Keppo J. The impact of delivery lags on irreversible investment under uncertainty [J]. European Journal of Operational Research, 2002, 136 (1): 173 – 180.

[62] Alvarez L H R, Stenbacka R. Adoption of uncertain multi-stage technology projects: a real options approach [J]. Journal of Mathematical Economics, 2001, 35 (1): 71 – 97.

[63] Alvarez L H R. Optimal exit and valuation under demand uncertainty: a real options approach [J]. European Journal of Operational Research, 1999, 114 (2): 320 – 329.

[64] Amram M, Kulatilaka N. Strategy and shareholder value creation: the real options frontier [J]. Journal of Applied Corporate Finance, 2000, 13 (2): 15 – 28.

[65] Anderson E, Weitz B. The use of pledges to build and sustain commitment in distribution channels [J]. Journal of Marketing Research, 1992, 29 (29): 18 – 34.

[66] Anderson J C, Narus J A. A model of distributor firm and manufacturer firm working partnerships [J]. Journal of Marketing, 1990, 54 (1): 42 – 58.

[67] Antia K D, Frazier G L. The severity of contract enforcement in interfirm channel relationships [J]. Journal of Marketing, 2001, 65 (4): 67 – 81.

[68] Ardishvili A, Cardozo S, Harmon S, et al. Towards a theory of new venture growth [J]. Journal of Business Research, 1998, 36 (95): 37 – 50.

[69] Assael H. Constructive role of interorganizational conflict [J]. Administrative Science Quarterly, 1969, 14 (4): 573.

[70] Baird I S, Thomas H. Toward a contingency model of strategic risk taking [J]. Academy of Management Review, 1985, 10 (2): 230 – 243.

[71] Barki H, Hartwick J. Conceptualizing the construct of interpersonal conflict [J]. International Journal of Conflict Management, 2004, 15 (3): 216 – 244.

[72] Barki H, Hartwick J. Interpersonal conflict and its management in infor-mation system development [J]. Mis Quarterly, 2001, 25 (2): 195 - 228.

[73] Bello D C, Katsikeas C S, Robson M J. Does accommodating a self-ser-ving partner in an international marketing alliance pay off? [J]. Journal of Market-ing, 2010, 74 (6): 77 - 93.

[74] Benson J K. The interorganizational network as a political economy [J]. Administrative Science Quarterly, 1975, 20 (2): 229 - 249.

[75] Bies R J, Shapiro D L. Voice and justification: their influence on proce-dural fairness judgments [J]. Academy of Management Journal, 1988, 31 (3): 676 - 685.

[76] Biggemann S, Buttle F. Conceptualising business-to-business relation-ship value [J]. Proceedings of Imp, 2005.

[77] Bjerksund P, Ekern S. Managing investment opportunities under price uncertainty: from "last chance" to "wait and see" strategies [J]. Financial Man-agement, 1990, 19 (3): 65 - 83.

[78] Black F, Scholes M. The pricing of options and corporate liabilities [J]. Journal of Political Economy, 1973, 81 (3): 637 - 654.

[79] Bodtker A M, Katz Jameson J. Emotion in conflict formation and its transformation: application to organizational conflict management [J]. International Journal of Conflict Management, 2001, 12 (3): 259 - 275.

[80] Boorman S A, Levitt P R. Pitfalls in social network analysis [J]. Con-temporary Sociology, 1985, 14 (4): 419 - 421.

[81] Borgatti S P, Foster P C. The network paradigm in organizational re-search: a review and typology [J]. Journal of Management, 2003, 29 (6): 991 - 1013.

[82] Borys B, Jemison D B. Hybrid arrangements as strategic alliances: theo-

retical issues in organizational combinations [J]. Academy of Management Review, 1989, 14 (2): 234 – 249.

[83] Bourdieu P. The forms of capital [M]. Blackwell Publishers Ltd, 1986: 280 – 291.

[84] Braiker H B, Kelley H H. 5-Conflict in the development of close relationships [J]. Social Exchange in Developing Relationships, 1979, 41 (45): 135 – 168.

[85] Brass D J, Galaskiewicz J, Greve H R, et al. Taking stock of networks and organizations: a multilevel perspective [J]. Academy of Management Journal, 2004, 47 (6): 795 – 817.

[86] Brennan M J, Schwartz E S. Evaluating natural resource investments [J]. Journal of Business, 1985, 58 (2): 135 – 157.

[87] Brennan M J. The pricing of contingent claims in discrete time models [J]. Journal of Finance, 1979, 34 (1): 53 – 68.

[88] Brown J R, Day R L. Measures of manifest conflict in distribution channels [J]. Journal of Marketing Research, 1981, 18 (3): 263 – 274.

[89] Brown J R, Lusch R F, Muehling D D. Conflict and power-dependence relations in retailer-supplier channels [J]. Journal of Retailing, 1983, 59 (4): 53 – 80.

[90] Burt R S. The contingent value of social capital [J]. Administrative Science Quarterly, 1997, 42 (2): 339 – 365.

[91] Cannon J P, Perreault W D. Buyer-seller relationships in business markets [J]. Journal of Marketing Research, 1999, 36 (4): 439 – 460.

[92] Carr P. The valuation of sequential exchange opportunities [J]. Journal of Finance, 1988, 43 (5): 1235 – 1256.

[93] Coleman J S. Social capital in the creation of human capital the American

[J]. American Journal of Sociology, 1988, 94: 95 – 120.

[94] Colgate M, Stewart K. The challenge of relationships in services-a New Zealand study [J]. International Journal of Service Industry Management, 1998, 9 (5): 454 –468.

[95] Cook K S. Exchange and power in networks of interorganizational relations [J]. Sociological Quarterly, 1977, 18 (1): 62 –82.

[96] Corsaro D, Snehota I. Searching for relationship value in business markets: are we missing something? [J]. Industrial Marketing Management, 2010, 39 (6): 986 –995.

[97] Cortazar G, Casassus J. Optimal timing of a mine expansion: implementing a real options model [J]. Quarterly Review of Economics & Finance, 1998, 38 (3): 755 –769.

[98] Corwin R G. Patterns of organizational conflict [J]. Administrative Science Quarterly, 1969, 14 (4): 507 –520.

[99] Coughlan A, Anderson E, Stern L W, et al. Marketing channels: united states edition [M]. Pearson Schweiz Ag, 2006.

[100] Cox J C, Ross S A. The valuation of options for alternative stochastic processes [J]. Journal of Financial Economics, 1976, 3 (1): 145 –166.

[101] Cronin, Jr J J, Baker T L. The effects of a distributor's attribution of manufacturer influence on the distributor's perceptions of conflict, performance and satisfaction [J]. Journal of Marketing Channels, 1993, 3 (2): 83 –110.

[102] Cunningham M S. The major dimensions of perceived risk [J]. Risk Taking and Information Handling in Consumer Behavior, 1967.

[103] Dabholkar P A, Johnston W J, Cathey A S. The dynamics of long-term business-to-business exchange relationships [J]. Journal of the Academy of Marketing Science, 1994, 22 (2): 130 –145.

[104] Dahab D J, Gentry J W. Interest domination as a framework for exploring channel changes in transforming economies [J]. Journal of Macromarketing, 1996, 16 (2): 8 – 23.

[105] Dan F. Exit, voice, loyalty, and neglect as responses to job dissatisfaction: a multidimensional scaling study [J]. Academy of Management Journal, 1983, 26 (4): 596 – 607.

[106] Dant R P, Schul P L. Conflict resolution processes in contractual channels of distribution [J]. Journal of Marketing, 1992, 56 (1): 38 – 54.

[107] Das T K, Teng B S. Managing risks in strategic alliances [J]. The Academy of Management Executive (1993 – 2005), 1999, 13 (4): 50 – 62.

[108] Das T K, Teng B S. Trust, control, and risk in strategic alliances: an integrated framework [J]. Organization Studies, 2016, 22 (2): 251 – 283.

[109] Davis G A. Estimating volatility and dividend yield when valuing real options to invest or abandon [J]. Quarterly Review of Economics & Finance, 1998, 38 (3): 725 – 754.

[110] Day G S. Advantageous alliances [J]. Journal of the Academy of Marketing Science, 1995, 23 (4): 297 – 300.

[111] Delerue H. Relational risk perception and alliance management in French biotechnology SMEs [J]. European Business Review, 2005, 17 (6): 532 – 546.

[112] Deutsch M. The resolution of conflict [J]. General Information, 1973, 19 (4): 181 – 212.

[113] Deutsch M. The effects of cooperation and competition upon group process [D]. Massachusetls Institute of Technology, 1948.

[114] Dirks K T, Lewicki R J, Zaheer A. Repairing relationships within and between organizations: building a conceptual foundation [J]. Academy of Management Review, 2009, 34 (1): 68 – 84.

［115］ Duck S. A topography of relationship disengagement and dissolution ［J］. Personal Relationships, 1982, 4: 1 – 30.

［116］ Dwyer F R, Schurr P H, Oh S. Developing buyer-seller relationships ［J］. Journal of Marketing, 1987, 51 (2): 11 – 27.

［117］ Eggert A, Ulaga W, Schultz F. Value creation in the relationship life cycle: a quasi-longitudinal analysis ［J］. Industrial Marketing Management, 2006, 35 (1): 20 – 27.

［118］ Emerson R M. Power-dependence relations ［J］. American Sociological Review, 1962, 27 (1): 31 – 41.

［119］ Etgar M. Sources and types of intrachannel conflict ［J］. Journal of Retailing, 1979, 55 (1): 61 – 78.

［120］ Evers H D, Schrader H. The moral economy of trade: ethnicity and developing markets ［J］. Journal of the Royal Anthropological Institute, 1996, 2 (2): 366 – 367.

［121］ Feuille P, Delaney J T, Ferris G R, et al. The individual pursuit of organizational justice: grievance procedures in nonunion workplaces ［J］. Research in Personnel & Human Resources Management, 1992, 10: 187 – 232.

［122］ Fornell C, Wernerfelt B. Defensive marketing strategy by customer complaint management: a theoretical analysis ［J］. Journal of Marketing Research, 1987, 24 (4): 337 – 346.

［123］ Frazier G L, Rody R C. The use of influence strategies in interfirm relationships in industrial product channels ［J］. Journal of Marketing, 1991, 55 (1): 52 – 69.

［124］ Frazier G L. Interorganizational exchange behavior in marketing channels: a broadened perspective ［J］. The Journal of Marketing, 1983, 47 (4): 68 – 78.

［125］ Friedman M, Savage L J. The utility analysis of choices involving risk

［J］．Journal of Political Economy，1948，56（4）：279 – 304.

［126］ Gadde L E，Mattsson L G. Stability and change in network relationships ［J］．International Journal of Research in Marketing，1987，4（1）：29 – 41.

［127］ Ganesan S，Brown S P，Mariadoss B J，et al. Buffering and amplifying effects of relationship commitment in business-to-business relationships ［J］. Journal of Marketing Research，2010，47（2）：361 – 373.

［128］ Garner J L，Nam J，Ottoo R E. Determinants of corporate growth opportunities of emerging firms ［J］．Journal of Economics & Business，2002，54（1）：73 – 93.

［129］ Gaski J F. The Theory of power and conflict in channels of distribution ［J］．Journal of Marketing，1984，48（3）：9 – 29.

［130］ Gassenheimer J B，Houston F S，Davis J C. The role of economic value，social value，and perceptions of fairness in interorganizational relationship retention decisions ［J］．Journal of the Academy of Marketing Science，1998，26（4）：322 – 337.

［131］ Geyskens I，Steenkamp J B E M，Kumar N. A meta-analysis of satisfaction in marketing channel relationships ［J］．Journal of Marketing Research，1999，36（2）：223 – 238.

［132］ Geyskens I，Steenkamp J B E M. Economic and social satisfaction：measurement and relevance to marketing channel relationships ［J］．Journal of Retailing，2000，76（1）：11 – 32.

［133］ Goffman E. On face-work：an analysis of ritual elements in social interaction ［J］．Reflections，2003，18（3）：213.

［134］ Gordon I R，Mccann P. Industrial clusters：complexes，agglomeration and/or social networks？［J］．Urban Studies，2009，37（3）：513 – 532.

［135］ Goyal M，Netessine S. Strategic technology choice and capacity investment under demand uncertainty [J]. Management Science, 2007, 53 (2): 192 - 207.

[136] Granovetter M. Economic action and social structure: the problem of embeddedness [J]. Social Science Electronic Publishing, 1985, 91 (3): 481 - 510.

[137] Gray J. Managing quality in outsourced production: construct development and measurement validation [J]. Quality Management Journal, 2011, 18 (2): 26 - 45.

[138] Grenadier S R. The strategic exercise of options: development cascades and overbuilding in real estate markets [J]. Journal of Finance, 1996, 51 (5): 1653 - 1679.

[139] Grisaffe D B, Kumar A. Antecedents and consequences of customer value: testing an expanded framework [J]. Report-Marketing Science Institute Cambridge Massachusetts, 1998, 29 (11): 21 - 22.

[140] Gulati R, Nohria N, Zaheer A. Strategic networks [J]. Strategic Management Journal, 2006, 21 (3): 203 - 215.

[141] Habib G M. Measures of manifest conflict in international joint ventures [J]. Academy of Management Journal, 1987, 30 (4): 808 - 816.

[142] Hadjikhani A, Håkansson H. Political actions in business networks a Swedish case [J]. International Journal of Research in Marketing, 1996, 13 (5): 431 - 447.

[143] Håkansson H. International marketing and purchasing of industrial goods: an interaction approach [J]. Strategic Management Journal, 1982, 3 (4): 383 - 384.

[144] Halinen A, Tähtinen J. A process theory of relationship ending [J]. International Journal of Service Industry Management, 2002, 13 (2): 163 - 180.

[145] Harrison J M, Kreps D M. Martingales and arbitrage in multiperiod securities markets [J]. Journal of Economic Theory, 1979, 20 (3): 381 –408.

[146] Havila V, Wilkinson I F. The principle of the conservation of business relationship energy: or many kinds of new beginnings [J]. Industrial Marketing Management, 2002, 31 (3): 191 –203.

[147] Hayes R H, Abernathy W J. Managing our way to economic decline [J]. Harvard Business Review, 1980, 61 (7): 67 –77.

[148] Hibbard J D, Kumar N, Stern L W. Examining the impact of destructive acts in marketing channel relationships [J]. Journal of Marketing Research, 2001, 38 (1): 45 –61.

[149] Hirschman A O. Exit, Voice, and the fate of the german democratic republic: an essay in conceptual history [J]. World Politics, 1993, 45 (2): 173 –202.

[150] Hirschman A O. Rival views of market society and other recent essays [M]. Harvard University Press, 1992.

[151] Hocutt M A. Relationship dissolution model: antecedents of relationship commitment and the likelihood of dissolving a relationship [J]. International Journal of Service Industry Management, 1998, 9 (2): 189 –200.

[152] Hogan J E. Expected relationship value : a construct, a methodology for measurement, and a modeling technique [J]. Industrial Marketing Management, 2001, 30 (4): 339 –351.

[153] Hutchinson D, Wellington W J, Saad M, et al. Refining value-based differentiation in business relationships: a study of the higher order relationship building blocks that influence behavioural intentions [J]. Industrial Marketing Management, 2011, 40 (3): 465 –478.

[154] Hwang K. Face and favor: the chinese power game [J]. American

Journal of Sociology, 1987, 92 (4): 944 –974.

[155] Inkpen A C, Beamish P W. Knowledge, bargaining power, and the instability of international joint ventures [J]. Academy of Management Review, 1997, 22 (1): 177 –202.

[156] Jackson B B. Build customer relationships that last: how close can industrial markets get to their customers-And for how long? [J]. Harvard Business Review, 1985, 63.

[157] Jehn K A, Mannix E A. The dynamic nature of conflict: a longitudinal study of intragroup conflict and group performance [J]. Academy of Management Journal, 2001, 44 (2): 238 –251.

[158] Jehn K A. A multimethod examination of the benefits and detriments of intragroup conflict [J]. Administrative Science Quarterly, 1995, 40 (2): 256 –282.

[159] Jehn K A. A qualitative analysis of conflict types and dimensions in organizational groups [J]. Administrative Science Quarterly, 1997, 42 (3): 530 – 557.

[160] Jr R A P. Voice in business-to-business relationships: cost-of-exit and demographic antecedents [J]. Journal of Retailing, 1997, 73 (2): 261 –281.

[161] Jr R P. The effects of satisfaction and structural constraints on retailer exiting, voice, loyalty, opportunism, and neglect [J]. Journal of Retailing, 1993, 69 (3): 320 –352.

[162] Kahneman D, Tversky A. Prospect theory: an analysis of decision under risk [J]. Econometrica, 1979, 47 (2): 263 –291.

[163] Kale P, Dyer J, Singh H. Value creation and success in strategic alliances: alliancing skills and the role of alliance structure and systems [J]. European Management Journal, 2001, 19 (5): 463 –471.

[164] Kang B, Oh S, Sivadas E. The effect of dissolution intention on buyer-

seller relationships [J]. Journal of Marketing Channels, 2012, 19 (4): 250 –271.

[165] Kasanen E, Trigeorgis L. A market utility approach to investment valuation [J]. European Journal of Operational Research, 1994, 74 (2): 294 –309.

[166] Keaveney S M. Customer switching behavior in service industries: an exploratory study [J]. Journal of Marketing, 1995, 59 (2): 71 –82.

[167] Kelly J S, Peters J I. Vertical conflict: a comparative analysis of franchisees and distributors [M]. American Marketing Association, 1977.

[168] Kelly S. A binomial lattice approach for valuing a mining property IPO [J]. Quarterly Review of Economics & Finance, 2005, 38 (3): 693 –709.

[169] Kemna A G Z. Case studies on real options [J]. Financial Management, 1993, 22 (3): 259 –270.

[170] Kester CW. Today's options for tomorrow's growth [J]. Harvard Business Review, 1984, 62 (1 –2): 15 –24.

[171] Kilduff M, Tsai W, Hanke R. A Paradigm Too Far? A dynamic stability reconsideration of the social network research program [J]. Academy of Management Review, 2006, 31 (4): 1031 –1048.

[172] Kilmann R H, Mitroff I I. A new perspective on the consulting/intervention process: problem defining versus problem solving [J]. Academy of Management Proceedings, 1977, 1977 (1): 148 –152.

[173] Kilmann R H, Thomas K W. Developing a forced-choice measure of conflict-handling behavior: the "MODE" instrument [J]. Educational & Psychological Measurement, 1977, 37 (2): 309 –325.

[174] Kim P H, Dirks K T, Cooper C D, et al. When more blame is better than less: the implications of internal vs. external attributions for the repair of trust after a competence-vs. integrity-based trust violation [J]. Organizational Behavior & Human Decision Processes, 2006, 99 (1): 49 –65.

［175］Kim P H, Ferrin D L, Cooper C D, et al. Removing the shadow of suspicion: the effects of apology versus denial for repairing competence-versus integrity-based trust violations ［J］. Journal of Applied Psychology, 2004, 89 (1): 104.

［176］Kim Y. A comparative study of the "abilene paradox" and "groupthink" ［J］. Public Administration Quarterly, 2001, 25 (2): 168－189.

［177］Kipnis A. "Face": an adaptable discourse of social surfaces ［J］. Positions East Asia Cultures Critique, 1995, 3 (1): 119－148.

［178］Korsgaard M A, Soyoung Jeong S, Mahony D M, et al. A multilevel view of intragroup conflict ［J］. Journal of Management, 2008, 34 (6): 1222－1252.

［179］Koza K L, Dant R P. Effects of relationship climate, control mechanism, and communications on conflict resolution behavior and performance outcomes ［J］. Journal of Retailing, 2007, 83 (3): 279－296.

［180］Kumar N, Scheer L K, Steenkamp J B E M. Powerful suppliers, vulnerable resellers, and the effects of supplier fairness: a cross-national study ［J］. Journal of Marketing Research, 1995, 32 (1): 54.

［181］Kumar N, Scheer L K, Steenkamp J B E M. The effects of perceived interdependence on dealer attitudes ［J］. Journal of Marketing Research, 1995, 32 (3): 348－356.

［182］Landeros R, Reck R, Plank R E. Maintaining buyer-supplier partnerships ［J］. Journal of Supply Chain Management, 1995, 31 (2): 2－12.

［183］Lapierre J. Customer-perceived value in industrial contexts ［J］. Journal of Business & Industrial Marketing, 2000, 15 (2/3): 122－145.

［184］Larson A, Starr J A. A network model of organization formation ［J］. Entrepreneurship Theory & Practice, 1993, 17 (1): 1071－1078.

[185] Larson A. Network dyads in entrepreneurial settings: a study of the governance of exchange relationships [J]. Administrative Science Quarterly, 1992, 37 (1): 76 – 104.

[186] Latora V, Marchiori M. Economic small-world behavior in weighted networks [J]. European Physical Journal B—Condensed Matter, 2003, 32 (2): 249 – 263.

[187] Laughton D G, Jacoby H D. Reversion, timing options, and long-term decision-making [J]. Financial Management, 1993, 22 (3): 225 – 240.

[188] Leonidou L C, Talias M A, Leonidou C N. Exercised power as a driver of trust and commitment in cross-border industrial buyer-seller relationships [J]. Industrial Marketing Management, 2008, 37 (1): 92 – 103.

[189] Levine J M, Moreland R L. Group reactions to loyalty and disloyalty [J]. Advances in Group Processes, 2002, 19 (19): 203 – 228.

[190] Levy M J, Coser L A. The functions of social conflict [J]. American Sociological Review, 1956, 22 (1): 112.

[191] Lewis M C, Lambert D M. A model of channel member performance, dependence, and satisfaction [J]. Journal of Retailing, 1991, 67 (2): 205 – 225.

[192] Lin N. Social networks and status attainment [J]. Annual Review of Sociology, 1999, 25 (1): 467 – 487.

[193] Lombardi D. Modelling business investment : essays on uncertainty, heterogeneity and aggregation [D]. University of Oxford, 2004.

[194] Lozano S, Arenas A. A model to test how diversity affects resilience in regional innovation networks [J]. Journal of Artificial Societies & Social Simulation, 2007, 10 (4): 8.

[195] Luehrman T A. Strategy as a portfolio of real options [J]. Harvard Business Review, 1998, 76 (5): 89.

［196］Lumineau F, Malhotra D. Shadow of the contract: how contract structure shapes interfirm dispute resolution ［J］. Strategic Management Journal, 2011, 32（5）: 532 –555.

［197］Luo Y, Chen M. Does Guanxi influence firm performance ［J］. Asia Pacific Journal of Management, 1997, 14（1）: 1 –16.

［198］Lusch R F, Brown J R. Interdependency, contracting, and relational behavior in marketing channels ［J］. The Journal of Marketing, 1996, 60（4）: 19 –38.

［199］Lusch R F. Sources of power: their impact on intrachannel conflict ［J］. Journal of Marketing Research, 1976, 13（4）: 382 –390.

［200］Madhavan R, Gnyawali D R, He J. Two's company, three's a crowd? triads in cooperative-competitive networks ［J］. Academy of Management Journal, 2004, 47（6）: 918 –927.

［201］Manis M, Fichman M, Platt M B. Cognitive integration and referential communication: effects of information quality and quantity in message decoding ［J］. Organizational Behavior & Human Performance, 1978, 22（3）: 417 –430.

［202］Manrai L A M A K. The influence of culture in international business negotiations: a new conceptual framework and managerial implications ［J］. Journal of Transnational Management, 2010, 15（1）: 69 –100.

［203］Margrabe W. The value of an option to exchange one asset for another ［J］. Journal of Finance, 1978, 33（1）: 177 –186.

［204］Mason S P, Merton R C. The role of contingent claims analysis in corporate finance ［D］. Harvard University, 1985.

［205］Mcdonald R, Siegel D. Option pricing when the underlying asset earns a below-equilibrium rate of return: a note ［J］. Journal of Finance, 1984, 39（1）: 261 –265.

[206] Mcgrath R G, Macmillan I C. Assessing technology projects using real options reasoning [J]. Research Technology Management, 2016, 43 (4): 35 – 49.

[207] Menon A, Bharadwaj S G, Howell R. The quality and effectiveness of marketing strategy: effects of functional and dysfunctional conflict in intraorganizational relationships [J]. Journal of the Academy of Marketing Science, 1996, 24 (4): 299 – 313.

[208] Morck R, Schwartz E, Stangeland D. The valuation of forestry resources under stochastic prices and inventories [J]. Journal of Financial & Quantitative Analysis, 1989, 24 (4): 473 – 487.

[209] Morgan R M, Hunt S D. The commitment-trust theory of relationship marketing [J]. Journal of Marketing, 1994, 58 (3): 20 – 38.

[210] Morrill C, Thomas C K. Organizational conflict management as disputing process the problem of social escalation [J]. Human Communication Research, 1992, 18 (3): 400 – 428.

[211] Morris P A, Teisberg E O, Kolbe A L. When choosing R&D projects, go with long shots [J]. Research-Technology Management, 1991, 34 (1).

[212] Myers S C. Determinants of corporate borrowing [J]. Journal of Financial Economics, 1976, 5 (2): 147 – 175.

[213] Nooteboom B, Berger H, Noorderhaven N G. Effects of trust and governance on relational risk [J]. Academy of Management Journal, 1997, 40 (2): 308 – 338.

[214] Pablo A L, Sitkin S B, Jemison D B. Acquisition decision-making processes: the central role of risk [J]. Journal of Management Official Journal of the Southern Management Association, 1996, 22 (5): 723 – 746.

[215] Paddock J L, Siegel D R, Smith J L. Option valuation of claims on real

assets: the case of offshore petroleum leases [J]. Quarterly Journal of Economics, 1988, 103 (3): 479 – 508.

[216] Pahlberg C. Cultural differences and problems in HQ-subsidiary relationships in MNCs [J]. Working Papers, 1995.

[217] Palmatier R W, Dant R P, Grewal D. A comparative longitudinal analysis of theoretical perspectives of interorganizational relationship performance [J]. Journal of Marketing, 2007, 71 (4): 172 – 194.

[218] Parkhe A, Wasserman S, Ralston D A. Introduction to special topic forum: new frontiers in network theory development [J]. Academy of Management Review, 2006, 31 (3): 560 – 568.

[219] Parkhe A. Strategic alliance structuring: a game theoretic and transaction cost examination of interfirm cooperation [J]. Academy of Management Journal, 1993, 36 (4): 794 – 829.

[220] Peng M W, Heath P S. The growth of the firm in planned economies in transition: institutions, organizations, and strategic choice [J]. Academy of Management Review, 1996, 21 (2): 492 – 528.

[221] Pennings E, Lint O. Market entry, phased rollout or abandonment? a real option approach [J]. European Journal of Operational Research, 2000, 124 (1): 125 – 138.

[222] Penrose E. Theory of the growth of the firm [J]. Journal of the Operational Research Society, 1959, 23 (2): 240 – 241.

[223] Peter J P, Ryan M J. An investigation of perceived risk at the brand Level [J]. Journal of Marketing Research, 1976, 13 (2): 184 – 188.

[224] Pfeffer J, Nowak P. Joint ventures and interorganizational interdependence [J]. Administrative Science Quarterly, 1976, 21 (3): 398 – 418.

[225] Pindyck R S. Investments of uncertain cost [J]. Journal of Financial

Economics, 1993, 34 (1): 53 – 76.

[226] Pindyck R S. Irreversible investment, capacity choice, and the value of the firm [J]. Social Science Electronic Publishing, 1986, 78 (5): 969 – 985.

[227] Ping R A. The effects of satisfaction and structural constraints on retailer exiting, voice, loyalty, opportunism, and neglect [J]. Journal of Retailing, 1993, 69 (3): 320 – 352.

[228] Plank R E, Reid D A, Newell S. The impacts of affective and cognitive social conflict in business-to-business buyer-seller relationships: a comparison of new versus ongoing buyer-seller relationships [J]. Journal of Business-to-Business Marketing, 2007, 14 (2): 41 – 74.

[229] Pondy L R. Organizational conflict: concepts and models [J]. Administrative Science Quarterly, 1967, 12 (2): 296 – 320.

[230] Pondy L R. Varieties of organizational conflict [J]. Administrative Science Quarterly, 1969, 14 (4): 499 – 505.

[231] Portes A. Social capital: its origins and applications in modern sociology [J]. Annual Review of Sociology, 1998, 24 (1): 1 – 24.

[232] Poulin D, Pels J, Beauregard R, et al. Extending relationship value: observations from a case study of the Canadian structural wood products industry [J]. Journal of Business & Industrial Marketing, 2009, 24 (5/6): 389 – 407.

[233] Powell W W. Neither market nor hierarchy: network forms of organization [J]. Research in Organizational Behavior, 1990, 12: 295 – 336.

[234] Preacher K J, Hayes A F. SPSS and SAS procedures for estimating indirect effects in simple mediation models [J]. Behavior Research Methods Instruments & Computers, 2004, 36 (4): 717 – 731.

[235] Pressey A D, Xuan Qiu X. Buyer-supplier relationship dissolution: the Chinese context [J]. Journal of Business & Industrial Marketing, 2007, 22 (2):

107 – 117.

[236] Provan K G, Kenis P. Modes of network governance: structure, management, and effectiveness [J]. Journal of Public Administration Research & Theory, 2008, 18 (2): 229 – 252 (24).

[237] Ravald A, Grönroos C. The value concept and relationship marketing [J]. European Journal of Marketing, 2013, 30 (2): 19 – 30.

[238] Reeder G D, Brewer M B. A schematic model of dispositional attribution in interpersonal perception [J]. Psychological Review, 1979, 86 (1): 61 – 79.

[239] Reyna V F, Brainerd C J. Fuzzy-trace theory and framing effects in choice: gist extraction, truncation, and conversion [J]. Journal of Behavioral Decision Making, 1991, 4 (4): 249 – 262.

[240] Ritter T, Walter A. More is not always better: the impact of relationship functions on customer-perceived relationship value [J]. Industrial Marketing Management, 2012, 41 (1): 136 – 144.

[241] Robert Geske. The valuation of compound options [J]. Journal of Financial Economics, 2006, 7 (1): 63 – 81.

[242] Robicheaux R A, El-Ansary A I. A general model for understanding channel member behavior [J]. Journal of Retailing, 1977, 52 (4): 13.

[243] Robinson S L. Trust and breach of the psychological contract [J]. Administrative Science Quarterly, 1996, 41 (4): 574 – 599.

[244] Roos I. Switching processes in customer relationships [J]. Journal of Service Research, 1999, 2 (1): 68 – 85.

[245] Rose G M, Shoham A. Interorganizational task and emotional conflict with international channels of distribution [J]. Journal of Business Research, 2004, 57 (9): 942 – 950.

[246] Rose S. Valuation of interacting real options in a tollroad infrastructure pro-

ject [J]. Quarterly Review of Economics & Finance, 1998, 38 (3): 711 – 723.

[247] Rosenberg L J, Stern L W. Conflict measurement in the distribution channel [J]. Journal of Marketing Research, 1971, 8 (4): 437 – 442.

[248] Rosenbloom B, Larsen T. Communication in international business-to-business marketing channels: does culture matter? [J]. Industrial Marketing Management, 2003, 32 (4): 309 – 315.

[249] Rosenbloom B. Conflict and channel efficiency: some conceptual models for the decision maker [J]. Journal of Marketing, 1973, 37 (3): 26 – 30.

[250] Rowley T, Behrens D, Krackhardt D. Redundant governance structures: an analysis of structural and relational embeddedness in the steel and semiconductor industries [J]. Strategic Management Journal, 2000, 21 (3): 369 – 386.

[251] Rubin J Z. Models of conflict management [J]. Journal of Social Issues, 1994, 50 (1): 33 – 45.

[252] Rubinstein M. On the accounting valuation of employee stock options [J]. Research Program in Finance Working Papers, 1995 (1): 8 – 24.

[253] Rusbult C E, Dan F, Rogers G, et al. Impact of exchange variables on exit, voice, loyalty, and neglect: an integrative model of responses to declining job satisfaction [J]. Academy of Management Journal, 1988, 31 (3): 599 – 627.

[254] Rusbult C E, Farrell D. A longitudinal test of the investment model: the impact on job satisfaction, job commitment, and turnover of variations in rewards, costs, alternatives, and investments [J]. Journal of Applied Psychology, 1983, 68 (3): 429.

[255] Rusbult C E, Johnson D J, Morrow G D. Impact of couple patterns of problem solving on distress and nondistress in dating relationships [J]. Journal of Personality & Social Psychology, 1986, 50 (4): 744 – 753.

[256] Rusbult C E, Zembrodt I M, Gunn L K. Exit, voice, loyalty, and neglect: responses to dissatisfaction in romantic involvements [J]. Journal of Personality & Social Psychology, 1982, 43 (6): 1230 – 1242.

[257] Samaha S A, Palmatier R W, Dant R P. Poisoning relationships: perceived unfairness in channels of distribution [J]. Journal of Marketing, 2011, 75 (3): 99 – 117.

[258] Scott W R. The adolescence of institutional theory [J]. Administrative Science Quarterly, 1987, 32 (4): 493 – 511.

[259] Shi G, Shi Y, Chan A K K, et al. The role of renqing, in mediating customer relationship investment and relationship commitment in China [J]. Industrial Marketing Management, 2011, 40 (4): 496 – 502.

[260] Simon H A. Rational choice and the structure of the environment [J]. Psychological Review, 1956, 63 (2): 129 – 138.

[261] Singh J. Identifying consumer dissatisfaction response styles: an agenda for future research [J]. European Journal of Marketing, 1990, 24 (24): 55 – 72.

[262] Sin L Y M, Yau O H M, Tse A C B, et al. Is relationship marketing for everyone? [J]. European Journal of Marketing, 2000, 34 (9/10): 1111 – 1127.

[263] Slovic P. Perception of risk [J]. Science, 1987, 236 (4799): 280 – 285.

[264] Slovic P. The perception of risk [M]. Earthscan Publications, 2000.

[265] Smit H T J, Ankum L A. A real options and game-theoretic approach to corporate investment strategy under competition [J]. Financial Management, 1993, 22 (3): 241 – 250.

[266] Spencer D G. Employee voice and employee retention [J]. Academy of Management Journal, 1986, 29 (3): 488 – 502.

[267] Spinelli S, Birley S. An empirical evaluation of conflict in the franchise system [J]. British Journal of Management, 1998, 9 (4): 301 – 325.

[268] Stern L W, Reve T. Distribution channels as political economies: a framework for comparative analysis [J]. Journal of Marketing, 1980, 44 (3): 52 – 64.

[269] Swan J E, Trawick I F. Disconfirmation of expectations and satisfaction with a retail service [J]. Journal of Retailing, 1981, 57 (3): 49 – 67.

[270] Tähtinen J, Halinen A. Research on ending exchange relationships: a categorization, assessment and outlook [J]. Marketing Theory, 2002, 2 (2): 165 – 188.

[271] Tähtinen J. The dissolution process of a business relationship [J]. University of Oulu, 2001.

[272] Taylor G T. The politics of dissatisfaction: citizens, services, and urban institutions [J]. Acoustics Speech & Signal Processing Newsletter IEEE, 1992, 24 (1): 106.

[273] Thomas K W. Conflict and conflict management: reflections and update [J]. Journal of Organizational Behavior, 1992, 13 (3): 265 – 274.

[274] Thun J H, Hoenig D. An empirical analysis of supply chain risk management in the German automotive industry [J]. International Journal of Production Economics, 2011, 131 (1): 242 – 249.

[275] Tingtoomey S, Kurogi A. Facework competence in intercultural conflict: an updated face-negotiation theory [J]. International Journal of Intercultural Relations, 1998, 22 (2): 187 – 225.

[276] Tjosvold D, Hui C, Ding D Z, et al. Conflict values and team relationships: conflict's contribution to team effectiveness and citizenship in China [J]. Journal of Organizational Behavior, 2003, 24 (1): 69 – 88.

[277] Tomlinson E C, Mayer R C. The role of casual attribution dimensions in trust repair [J]. Academy of Management Review, 2009, 34 (1): 85 – 104.

[278] Tortelli R, Ruggieri M, Cortese R, et al. Option pricing: a simplified approach [J]. Journal of Financial Economics, 1979, 7 (3): 229 – 263.

[279] Triandis H C, McCusker C, Betancourt H, et al. An etic-emic analysis of individualism and collectivism [J]. Journal of Cross-cultural Psychology, 1993, 24 (3): 366 – 383.

[280] Triandis H C. Cross-cultural studies of individualism and collectivism [J]. Nebraska Symposium on Motivation Nebraska Symposium on Motivation, 1989, 37 (11): 41.

[281] Trigeorgis L. A real option application in natural resource investments [J]. Advances in Futures and Option Research, 1990, 4: 153 – 164.

[282] Trigeorgis L. The nature of option interactions and the valuation of investments with multiple real options [J]. Journal of Financial & Quantitative Analysis, 1993, 28 (1): 1 – 20.

[283] Ulaga W, Eggert A. Relationship value and relationship quality: Broadening the nomological network of business-to-business relationships [J]. European Journal of Marketing, 2006, 40 (3/4): 311 – 327.

[284] Ulaga W, Eggert A. Relationship value in business markets: development of a measurement scale [J]. Isbm Report, 2003, 2 (3004): 814.

[285] Uzzi B. Social structure and competition in interfirm networks: the paradox of embeddedness [J]. Administrative Science Quarterly, 1997, 42 (1): 35 – 67.

[286] Uzzi B. The sources and consequences of embeddedness for the economic performance of organizations: the network effect [J]. American Sociological Review, 1996, 61 (4): 674 – 698.

［287］ Voertman R F, Boulding K E. Conflict and defense ［J］. Administrative Science Quarterly, 1962, 7 (3): 378.

［288］ Walker G, Kogut B, Shan W. Social capital, structural holes and the formation of an industry network ［J］. Organization Science, 1997, 8 (2): 109 – 125.

［289］ Wall J A, Callister R R. Conflict and management ［J］. Journal of Management, 1995.

［290］ Wang C L, Siu N Y M, Barnes B R. The significance of trust and renqing, in the long-term orientation of Chinese business-to-business relationships ［J］. Industrial Marketing Management, 2008, 37 (7): 819 – 824.

［291］ Wang C L. Guanxi vs. relationship marketing: exploring underlying differences ［J］. Industrial Marketing Management, 2007, 36 (1): 81 – 86.

［292］ Wasserman S, Faust K. Social network analysis ［J］. Encyclopedia of Social Network Analysis & Mining, 1994, 22: 109 – 127.

［293］ Weitz B A, Jap S D. Relationship marketing and distribution channels ［J］. Journal of the Academy of Marketing Science, 1995, 23 (4): 305.

［294］ Williamson O E. The economic institutions of capitalism. firms, markets, relational contracting ［J］. Social Science Electronic Publishing, 1985, 32 (4): 61 – 75.

［295］ Wilson D T, Jantrania S. Understanding the value of a relationship ［J］. Asia-Australia Marketing Journal, 1994, 2 (1): 55 – 66.

［296］ Withey M J, Cooper W H. Predicting exit, voice, loyalty, and neglect ［J］. Administrative Science Quarterly, 1989, 34 (4): 521 – 539.

［297］ Xin K R, Pearce J L. Guanxi: connections as substitutes for formal institutional support ［J］. Academy of Management Journal, 1996, 39 (6): 1641 – 1658.

［298］ Yang D, Sivadas E, Kang B, et al. Dissolution intention in channel relationships: an examination of contributing factors ［J］. Industrial Marketing

Management, 2012, 41 (7): 1106 – 1113.

[299] Young L C, Wilkinson I F. The role of trust and co-operation in marketing channels: a preliminary study [J]. European Journal of Marketing, 1989, 23 (2): 109 – 122.

[300] Zacharias E, Martzoukos S. Real option games with incomplete information and spillovers [J]. Social Science Electronic Publishing, 2002.

[301] Zaheer A, Mcevily B, Perrone V. Does trust matter? exploring the effects of interorganizational and interpersonaltrust on performance [J]. Organization Science, 1998, 9 (2): 141 – 159.

[302] Zeithaml V A. Consumer perceptions of price, quality and value: a means-end model and synthesis of evidence [J]. Journal of Marketing, 1988, 52 (3): 2 – 22.

[303] Zhao X, Lynch J G, Chen Q. Reconsidering baron and kenny: myths and truths about mediation analysis [J]. Journal of Consumer Research, 2010, 37 (2): 197 – 206.

图书在版编目（CIP）数据

企业的组织间关系冲突风险感知与权变决策机制研究／
王寅著 . —北京：经济科学出版社，2023.4
ISBN 978 - 7 - 5218 - 4636 - 2

Ⅰ. ①企⋯　Ⅱ. ①王⋯　Ⅲ. ①企业管理 - 组织管理 -
研究　Ⅳ. ①F272. 9

中国国家版本馆 CIP 数据核字（2023）第 049099 号

责任编辑：侯晓霞
责任校对：刘　昕
责任印制：张佳裕

企业的组织间关系冲突风险感知与权变决策机制研究
王　寅　著

经济科学出版社出版、发行　新华书店经销
社址：北京市海淀区阜成路甲 28 号　邮编：100142
教材分社电话：010 - 88191345　发行部电话：010 - 88191522
网址：www. esp. com. cn
电子邮件：houxiaoxia@ esp. com. cn
天猫网店：经济科学出版社旗舰店
网址：http：//jjkxcbs. tmall. com
北京密兴印刷有限公司印装
710 × 1000　16 开　12.5 印张　170000 字
2023 年 4 月第 1 版　2023 年 4 月第 1 次印刷
ISBN 978 - 7 - 5218 - 4636 - 2　定价：56.00 元
（图书出现印装问题，本社负责调换。电话：010 - 88191545）
（版权所有　侵权必究　打击盗版　举报热线：010 - 88191661
QQ：2242791300　营销中心电话：010 - 88191537
电子邮箱：dbts@ esp. com. cn）